Richard Deiss

Grand Central Terminal und Pampabahnhof

AF286311

Kleine Geschichten zu 222 amerikanischen Bahnhöfen von Alaska bis Feuerland

Adresse des Autors:
Machnowerstr. 65, D-14165 Berlin
Email: richard.deiss@gmail.com

Anregungen und Verbesserungsvorschläge sind willkommen und werden in der nächsten Ausgabe berücksichtigt.

Titelbild: Philadelphia 30th Street Station
Bild erste Innenseite: New York Grand Central Terminal

Herstellung und Verlag: BoD- Books on Demand, Norderstedt
Fünfte Auflage 2019, Originalausgabe

© Richard Deiss, Bonn 2019

Der Inhalt des Buches gibt ausschließlich die Privatmeinung des Autors wieder. The content of the book represents the private opinion of the author.

Printed in Germany

ISBN   978-3-837-0998-67

Bibliografische Information der Deutschen Nationalbibliothek
Die Deutsche Nationalbibliothek verzeichnet diese Publikation in der Deutschen Nationalbibliografie; detaillierte bibliografische Daten sind im Internet über http://dnb.d-nb.de abrufbar

Inhalt

Anhang

Vorwort

Im Sommer 2007 brachte ich das *Taschenbuch Palast der tausend Winde und Stachelbeerbahnhof* heraus, welches kleine Geschichten, interessante Fakten und Anekdoten zu 200 Bahnhöfen weltweit enthielt. Im Laufe der Zeit sammelten sich weitere Anekdoten an, 2008 publizierte ich deshalb eine um 20 Bahnhöfe erweiterte Neuauflage und Anfang 2009 schließlich einen zweiten Band ,*Der Lebkuchenbahnhof am Ende der Welt*' mit 200 Anekdoten zu Bahnhöfen außerhalb Europas.

Doch da es vor allem zu den USA viele Anekdoten gibt, ergab sich die Notwendigkeit eines eigenen Amerikabandes, um alle Geschichten unterzubringen.

Nach einer ersten Auflage im Sommer 2009, einer erweiterten zweiten Auflage im Oktober 2009, dritten und vierten Auflagen 2011 und 2013 liegt hiermit eine nur leicht veränderte, aktualisierte fünfte Auflage vor.

Das vorliegende Buch enthält Anekdoten und Fakten zu über 200 amerikanischen Bahnhöfen (die Hälfte davon liegen in den USA). In einer Nord-Süd-Tour fängt es in Alaska an, behandelt dann kanadische Stationen, kehrt im Nordosten in die USA zurück und arbeitet sich durch Mexiko, Mittelamerika, Brasilien und die Andenstaaten bis nach Feuerland ans 'Ende der Welt'. Geschichten, in welchen bekannte Persönlichkeiten vorkommen, sind durch einen Kreis ⊙ markiert.

Eine Neuauflage ist etwa alle zwei Jahre geplant. Hinweise für weitere interessante Geschichten und Fakten zu Bahnhöfen in Übersee sind deshalb immer willkommen.

Bonn, im August 2019
Richard Deiss

1. Kanada und Alaska

Die Eisenbahn in Kanada und Alaska

Nordamerika war einst im Schienenverkehr die weltweit führende Region. Hier lag die Hälfte aller Schienen weltweit, etwa 500 000 km, heute ist es nur noch ein Viertel. Während in den USA seit 1920 fast die Hälfte des Bahnnetzes stillgelegt wurde, verlor Kanada von seinen 70 000 km nur 20 000. Trotzdem spielt in Kanada der Eisenbahnpersonenverkehr mit einer Verkehrsleistung von etwa 2 Milliarden Personenkilometer heute nur noch eine geringe Rolle. Die Bevölkerungsdichte ist gering und die Distanzen sind einfach zu groß für die Bahn und eher flugzeugaffin. Bestehende Fernzüge dienen vor allem dem Tourismus, daneben gibt es nur in den Ballungsräumen nennenswerten Nahverkehr. Entsprechend sind nur Bahnhöfe im Bereich großstädtischen Schienennahverkehrs wie Toronto oder Montreal gut frequentiert. Die Bahnhöfe werden von *Via Rail* betrieben, einer staatlichen Eisenbahngesellschaft, die 1978 durch das Herauslösen des defizitären Personenverkehrs aus den beiden großen Bahngesellschaften Canadian Pacific und Canadian National Railway geschaffen wurde.

Im Güterverkehr ist die Eisenbahn in Kanada dagegen nach wie vor ein wichtiger Verkehrsträger, der Eisenbahngüterverkehr in Tonnenkilometern beträgt das Vierfache der in Deutschland erbrachten Verkehrsleistung. Damit liegt Kanada an fünfter Stelle weltweit.

In Alaska wurden erst spät und vor allem durch staatliche Initiative Bahnlinien gebaut. Durch die Steuereinnahmen aus der Erdölförderung ist heute genug Geld da, das kleine Bahnnetz inklusive der Bahnhöfe zu erhalten und staatlich zu betreiben. Die staatliche *Alaska Railroad,* der die Bahninfrastruktur gehört, bezeichnet sich so als *‚letzte integrierte Eisenbahn Nordamerikas'*, also als eine, welche Personen- und Güterverkehr betreibt.

1.1 Alaska

⊙ Nenana und das Serum

Im Januar 1925 war die Not in der isoliert an der Westküste Alaskas gelegenen Hafenstadt Nome groß. Eine Diphterie-Epidemie war ausgebrochen und diese bedrohte vor allem die Eskimokinder, da deren Immunsystem über keine entsprechenden Abwehrkräfte verfügte. Lebensrettendes Serum wurde dringend benötigt. Doch wie sollte man dieses nach Nome bringen? Der Hafen von Nome war im Januar vereist und für Schiffe nicht erreichbar, Straßen nach Nome gab es keine. Auch verfügte Alaska damals nur über zwei Transportflugzeuge, die beide noch nie im Winter eingesetzt worden waren. In der Verzweiflung griff man auf eine Kombination von Bahn- und Schlittenhundtransport zurück. Man brachte das Serum per Bahn von Anchorage nach Nenana, einem kleinen Bahnhof im Inneren Alaskas, etwa 60 Kilometer westlich von Fairbanks. Von hier sind es immer noch fast 1000 km bis zur Westküstenstadt Nome. Diese Strecke sollte mit Schlittenhunden über den Iditarod-Trail zurückgelegt werden. Am 27. Januar 1925 setzte sich vom Bahnhof von Nenana, wo das Serum in Empfang genommen wurde, ein Hundeschlittenzug in Bewegung, um die Winterhölle Alaskas zu durchqueren. Insgesamt waren mehr als 100 Hunde im Einsatz. Dem erfahrenen norwegischen Schlittenhundführer Gunnar Kaasen und seinem ausdauernden Leithund Balto war es zu verdanken, dass der Schlittenhundzug am 2. Februar um 5:30 in Nome ankam. Kaasen und sein Hund wurden berühmt und für Balto wurde im Central Park von New York eine Bronzestatue errichtet. Auch ein Disneyfilm zu den Ereignissen mit dem Titel *Balto* wurde später gedreht.

Heute stellt das Iditarod-Hundeschlittenrennen von Willow nach Nome über eine noch weitere Distanz (1868 km) die damalige Wegstrecke jährlich im März nach.

Craigellachie und 'the Last Spike'

In Craigellachie in British Columbia wurde am 7. November 1885 der letzte Schienennagel in die transkontinentale Schienenverbindung der Canadian Pacific Railway geschlagen. Züge halten dort heute extra für Touristen. Allerdings war es ursprünglich doch nicht der letzte Nagel, denn der Eisenbahnfinancier Donald Smith verbog diesen beim ersten Schlag, so dass er es mit einem neuen noch einmal versuchen musste. Auch dieser Nagel wurde bald wieder entfernt - er wurde dem Sohn des Patentamtspräsidenten geschenkt - und durch einen dritten ersetzt, um Souvenirjäger zu entmutigen.

Jumbo und die Bahn

Die Stadt St. Thomas, die 1856 Eisenbahnanschluss erhielt und deren heutiger Bahnhof 1871-1873 erbaut wurde, war einst ein wichtiger Eisenbahnknoten in der kanadischen Provinz Ontario. 26 verschiedene Eisenbahngesellschaften bedienten im Laufe der Jahre diesen Bahnhof und St. Thomas galt zeitweise als *Railway capital of Canada*. Seit 1985 steht am Bahnhof die Statue des Elefanten *Jumbo*.

Jumbo war der Name eines sehr großen afrikanischen Elefanten, der 1861 in Französisch Afrika geboren wurde, von einem französischen Zoo importiert und 1865 dann an den Zoo von London abgegeben wurde. Die Londoner Zoowärter hatten ihm den Namen Jumbo gegeben, was sich wahrscheinlich vom suahelischen Jambo (Hallo) ableitete. 1882 wurde der Elefant schließlich an den Zirkus *P.T. Barnum* verkauft. Der machte viel Werbung für den mächtigen Elefanten Jumbo und so stand *jumbo* bald für groß, riesig. Die Boeing 747 wurde beispielsweise später auch *Jumbo Jet* genannt. Doch es gab etwas, was stärker war als Jumbo. Am 15. September 1885 starb Jumbo als er auf den Gleisen des Bahnhofs von St. Thomas ein Elefantenbaby retten wollte und dabei eine Lokomotive übersah, die auf ihn zufuhr. Das Elefantenbaby überlebte übrigens, hatte sich aber ein Bein gebrochen und wurde deshalb eingeschläfert. Jumbo starb am Unfallort, der Zirkus Barnum ließ den Elefanten ausstopfen und verschenkte ihn an die Tufts University in den USA, wo 1975 allerdings ein Feuer das ausgestopfte Tier zerstörte. 1985, hundert Jahre nach dem Tod des Elefanten wurde diesem am Bahnhof von St. Thomas ein lebensgroßes Denkmal errichtet.

St. Thomas' großer Bahnhof

Aber auch ohne den Elefanten ist der Bahnhof von St. Thomas etwas Besonderes. Als dieser im Jahr 1873 fertig gestellt wurde, schrieb die Lokalzeitung:

„Was die architektonische Substanz und Solidität, den Gebrauchswert der Raumaufteilung im Innern sowie die Dimensionen betrifft, gibt es keinen Personenbahnhof in Kanada, sondern höchstens in New York und Chicago, der es mit demjenigen der Canada Southern Gesellschaft in St. Thomas aufnehmen kann."

400 000 Ziegelsteine wurden im über 100 m langen Empfangsgebäude verbaut. Heute ist der stillgelegte Bahnhof reparaturbedürftig und ein lokaler Verein hat sich gegründet, um Spenden für seine Renovierung zu sammeln und den Originalzustand des langen Gebäuderiegels, dem heute das bahnhofstypische Vordach fehlt, wieder herzustellen.

Ottawa Union Station

Als man 1908 in Ottawa die Union Station entwarf, übernahm man etliche Entwurfsideen der damals im Bau befindlichen New Yorker Pennsylvania Station. Den

Wartesaal der Penn Station, der den römischen Caracalla-Thermen nachempfunden war, kopierte man einfach im Maßstab 1:2. Außen versah man das Gebäude wie in New York mit innen hohlen korinthischen Säulen (allerdings nicht an allen Seiten). 1956 wurde jedoch die Kuppel im römischen Stil zugunsten eines Flachdaches entfernt und 1966 der Bahnhof gänzlich stillgelegt. Die Gleise, die am Rideau-Kanal, an dem der Bahnhof liegt, entlangführen, wurden ebenfalls abgebaut, denn das Kanalufer wurde zur Promenade und mittlerweile ist der Kanal sogar auf der UNESCO-Welterbeliste verzeichnet. Die ehemalige Union Station ist heute ein Konferenzzentrum der Regierung. Zum Fernbahnhof wurde eine neu erbaute modernistische, 1967 mit einem Architekturpreis versehene, aber letztlich ungemütliche Metallkonstruktion am Stadtrand.

Das Unglück von Halifax

Die Architekten der Union Station von Ottawa entwarfen auch den Neubau des Bahnhofs von Halifax. Der alte Bahnhof der Stadt war 1917 im schlimmsten Unglück der kanadischen Geschichte zerstört worden. Im Dezember 1917 kollidierte im Hafen der Stadt eine französische Fregatte, die Sprengstoff geladen hatte, mit einem norwegischen Dampfschiff. Dies zog zahlreiche Schaulustige an. Doch plötzlich stürzte ein Seemann in das Büro des Eisenbahndisponenten Vincent Coleman und warnte vor einer unmittelbar bevorstehenden riesigen Explosion. Anstatt sich in Sicherheit zu bringen, warnte Colemann per Telegraph einen einfahrenden Zug, der 700 Passagiere an Bord hatte. Die Fahrgäste wurden gerettet, doch Coleman kam wie 2000 andere bei der Explosion ums Leben. Er gilt in Kanada seither als Held.

⊙ Saskatoon - der Premierminister und die Zeitung

Am Morgen des 29. Juli 1910 kam im Bahnhof von Saskatoon, der Hauptstadt der kanadischen Provinz Saskatchewan, der kanadische Premierminister Sir Wilfried Laurier (1841-1919) mit dem Zug an. Er war nach Saskatoon gereist, um den Grundstein der ersten Universität von Saskatchewan zu legen. Am Bahnsteig fällt ihm ein aufgeweckt aussehender Zeitungsjunge auf, dem er eine Zeitung abkauft. Er fragt den Zeitungsjungen wie die Geschäfte gehen und spricht die Hoffnung aus, dass dieser ,es später mal zu etwas bringen' werde. Nach einem lebhaften Meinungsaustausch meint der 15jährige Zeitungsjunge plötzlich `Gut, Herr Premierminister, ich muss mich jetzt um meine Geschäfte kümmern und kann leider keine Zeit mehr mit ihnen verschwenden.´

47 Jahre später ist aus dem Zeitungsjungen John George Diefenbaker tatsächlich etwas geworden. Und zwar kanadischer Premierminister, ein Amt, welches er von 1957-1963 innehat. 1979 stirbt Diefenbaker, fast 84jährig. Gemäß seinem letzten Willen wird er auf dem Campus der Universität Saskatoon begraben, deren Gründung 1910 ihm zu der Begegnung mit Premierminister Lauriel verholfen hatte. Sein Leichnam wird in einem Trauereisenbahnzug nach Saskatoon gebracht und so kam Diefenbaker zu dem Bahnhof zurück, wo seine Karriere als Zeitungsjunge begann.

Der 1908 erbaute Canadian Pacific-Bahnhof wurde in den 1990er Jahren für den Personenverkehr stillgelegt, wegen seines schlossartigen Stils steht er jedoch unter Denkmalschutz. Die Züge der kanadischen Gesellschaft Via Rail halten heute in der nüchternen New Saskatoon Railway Station. Einst gab es auch einen Bahnhof der Canadian National Railway (CNR) in der Stadt. Auf dessen Gelände wurde später ein Einkaufszentrum errichtet. Als dieses in den 1990er renoviert wurde, änderte man die Fassade so, dass sie der des alten CNR Bahnhofs glich.

Von London nach Berlin

Bereits vor dem Ersten Weltkrieg konnte man ohne Umsteigen mit dem Zug von London nach Berlin fahren. Jedoch nicht in Europa, sondern in Kanada. Denn London ist eine Großstadt im Bundesstaat Ontario und Berlin hieß einst eine andere größere Stadt im gleichen Bundesstaat. Dort lebten viele Deutsche und in der Stadt gibt es heute noch ein großes Oktoberfest. Doch im 1. Weltkrieg war der Name nicht mehr opportun und Berlin (und damit auch sein Bahnhof) wurde 1916 nach dem britischen Feldmarschall in *Kitchener* umbenannt. Immerhin halten am Bahnhof dieser Stadt heute noch Personenzüge. Von Berlin nach London kann man jedoch nicht mehr fahren.

Pétain und die Umbenennung

Weniger Glück hatte die *Canadian Pacific Railway (CPR)* mit der Benennung einer Station im Kettle Valley im Süden der Provinz British Columbia. Diese Bahnlinie war aufgrund der schwierigen Gebirgstopographie in Westkanada eine große Herausforderung, hier waren zeitweise 5000 Arbeiter mit dem Bahnbau beschäftigt. 1916 wurde die Bahnlinie fertig gestellt. Im selben Jahr wurde während des Ersten Weltkriegs der Franzose Philippe Pétain nach Abwehrerfolgen zum `Held von Verdun´. So beschloss die Bahngesellschaft, eine Station der neuen Bahnlinie *Pétain* zu nennen. Im Jahr 1940 wurde Pétain jedoch Leiter der mit den Deutschen kooperierenden Vichy-Regierung, die im unbesetzten Teil Frankreichs saß. Dadurch war er vom Held zum Kollaborateur geworden und die CPR nannte den Bahnhof 1940 nach einem kanadischen General in Odlum um. Auch diese Station gab es nicht lange, denn die schneereichen Winter und die Konkurrenz durch Lastwagen setzten der Bahnlinie so zu, dass sie seit den 1960er Jahren sukzessive stillgelegt und auf ihrer Trasse ein Radweg angelegt wurde (im Zuge von `Rails to Trails´).

⊙ Toronto Union Station

Das heutige Empfangsgebäude der Union Station von Toronto wurde am 6. August 1927 offiziell eröffnet.
Der Prince of Wales Edward war extra aus Großbritannien angereist und feierlich schnitt er mit einer goldenen Schere ein Eröffnungsband durch.
In der Wand der großen Schalterhalle (die den Spitznamen *Great Hall* trägt) wurden auf halber Höhe die Namen wichtiger Destinationen, die per Bahn von Toronto aus erreichbar sind, eingraviert. Darunter auch die am Oberen See gelegene Stadt *Sault Ste. Marie*, die jedoch als *Sault St Marie* falsch geschrieben wurde. Der Fehler wurde bis heute nicht korrigiert.

Montreal CPR Windsor Station

Die ehemalige Windsor Station in Montreal gehört zu den beeindruckendsten Empfangsgebäuden Nordamerikas.
Das im *Romanesque Revival*-Stil gehaltenen Bauwerk wurde vom New Yorker Architekten Bruce Price erbaut und später noch um einen Turm ergänzt. Es fiel so groß aus, weil es als Hauptsitz der Canadian Pacific Railway diente.
Das Bahnhofsgebäude wurde bei seiner Fertigstellung im Jahre 1889 mit dem Motto beworben `Beats all creation. The new CPR station`. 1993 wurde die Schienenverbindung zur Windsor Station allerdings gekappt und heute ist der Komplex ein reines Bürogebäude.

Montreal Gare Centrale/Central Station

Der 1943 erbaute Gare Centrale/Central Station ist heute der wichtigste Bahnhof Montreals. Hier passierte im Jahre 1984 etwas, was für das relativ sichere Kanada ungewöhnlich ist. Im Bahnhof explodierte eine Bombe und tötete 3 französische Touristen. Ein pensionierter ehemaliger amerikanischer Soldat soll die Bombe gelegt haben, um gegen den Besuch des Papstes Johannes Paul II. in Kanada zu protestieren.

Für Kanada typischer jedoch sind die Versuche, sich gegen die kalten Winter zu wehren. Der Bahnhof, dessen Gleise im Tunnel verlaufen, hat über die *Halles de la Gare* direkten Anschluss an die unterirdische *Ville Souterraine/ Underground City*, dem größten unterirdischen Komplex weltweit mit 32 km Fußgängertunneln, die Einkaufszentren, Apartmentgebäude, Banken, Hotels, Museen, Universitäten und U-Bahnstationen, die kalten Wintertemperaturen der Oberfläche vermeidend, verbinden.

Québec-Gare du Palais

Das Chateau Frontenac ist ein von der Canadian Pacific Railway 1893 erbautes Hotel, welches die Skyline von Québec dominiert. Fünf Jahre zuvor hatte die Bahngesellschaft in Banff bereits ein ähnlich spektakuläres Hotel gebaut. Weitere beeindruckende Hotels folgten, so *Place Viger* (1898) in Montreal (einst mit Bahnstation) und das *Royal York* (1929) in Toronto. Mit diesen repräsentativen Bauten wollte man Touristen und damit vermögende Fahrgäste anlocken. Der 1915 erbaute Bahnhof *Gare du Palais* von Québec lehnt sich deutlich an den Stil des Chateau Frontenac an. Von 1976 bis 1985 hielten hier keine Züge mehr. Heute ist der Gare du Palais allerdings wieder eine VIA Rail-Station.

Winnipeg

Die zentrale Lage Winnipegs innerhalb Kanadas (die Provinz Manitoba, deren Hauptstadt Winnipeg ist, hat auch den Beinamen ‚Keystone Province') brachte es mit sich, dass mehrere Eisenbahngesellschaften die Stadt bedienten. Als die heutige Winnipeg Union Station 1911 eröffnet wurde, beabsichtigte die Canadian Northern Railroad mit dem Empfangsgebäude den nahe gelegenen Bahnhof der

Canadian Pacific zu übertreffen. Die Architekten des prächtigen New York Grand Central Terminal waren entsprechend mit dem Bau eines repräsentativen Empfangsgebäudes beauftragt worden. Besonders die Rotunde mit ihrer Glaskuppel beeindruckt. Allerdings weist der Boden der Eingangshalle Risse auf. Diese sollen durch Soldaten entstanden sein, die in den 1940er Jahren teilweise im Schwingungen auslösenden Gleichschritt und mit festem Schuhwerk durch das Gebäude marschierten.

Churchill und die Eisbären

Nicht nur in der Präriestadt Winnipeg, die den Spitznamen ‚Winterpeg' hat, ist es im Winter recht kalt, sondern in der ganzen Provinz, deren Name deshalb auch als *Manisnowba* verballhornt wird. Das gilt besonders auch für die Stadt Churchill an der Hudson Bay, wo sogar Eisbären leben. Die Eisbären sind in den letzten Jahrzehnten der Stadt immer näher gekommen, was den Tourismus beflügelt hat und der Stadt zum Beinamen `Polar Bear Capital of the World´ verholfen hat. Dies führt auch der Bahnverbindung zwischen Winnipeg und Churchill Passagiere zu und so verbinden jede Woche 3 Personenzüge der kanadischen Via Rail die beiden Städte (die Fahrt dauert 36 Stunden und nutzt im nördlichen Teil die Gleise der *Hudson Bay Railway*). Der Bahnhof der Eisbärenstadt Churchill wurde erst 1929 erbaut und steht mittlerweile unter Denkmalschutz.

Vancouver Waterfront Station

Die Waterfront Station war bis 1979 der Pazifik-Endpunkt der transkontinentalen Passagierzüge der Eisenbahngesellschaft CPR. Das säulengeschmückte neo-klassische Gebäude ist in braun-weißen Farbtönen gehalten. Vielleicht liegt es daran, dass Starbucks in diesem Bahnhof im Jahr 1987 die erste Filiale außerhalb der USA eröffnete.

2. USA („lower 48 states')

1916 erreichte das Eisenbahnnetz der USA mit einer Länge von 409 000 km seinen Höhepunkt, davon wurden mittlerweile 150 000 km stillgelegt. Dazu kam ein dichtes Straßenbahnnetz, das auch die Vororte erschloss und von Boston bis Philadelphia ein zusammenhängendes Netz bot. Auch von diesem Netz ist nur noch wenig übrig. Von den einst 80 000 Bahnhöfen in den USA gibt es heute noch etwa 10 000, doch nur etwa 500 werden von der US-Personenverkehrsgesellschaft Amtrak angefahren. Diese wurde Anfang der siebziger Jahre durch staatliche Initiative geschaffen, um die Reste der Personenverkehrsgesellschaft *Pennsylvania Railways* zu retten und ein Mindestmaß an Eisenbahnpersonenverkehr zu erhalten, an welchem die privaten Bahngesellschaften, die sich auf den rentableren Güterverkehr konzentrierten, kein Interesse mehr hatten.

Mit dem anders als in Europa privat betriebenem Eisenbahnpersonenverkehr war es nach dem Zweiten Weltkrieg durch die Konkurrenz von Flugzeug, Auto und Bus rasch bergab gegangen. Das schnellere Flugzeug grub der Bahn auf längeren Distanzen im großräumigen Land das Wasser ab, die Zersiedelung und Motorisierung zehrte das Nahverkehrsaufkommen aus. Nur im Korridor Boston-Washington hielt sich die Bahn, hier gibt es heute Taktverkehr und Hochgeschwindigkeitszüge, die jedoch nur teilweise über eigene Gleise verfügen, was die Betriebsqualität beeinträchtigt. Der Eisenbahngüterverkehr hat sich in Nordamerika dagegen gut entwickelt. In keinem Land werden von den Eisenbahnen so viel Tonnenkilometer befördert, wie in den USA. Das liegt an den großen Transportdistanzen, die schienenaffin sind und an den leistungsfähigen privaten Güterbahngesellschaften, die betrieblich nicht, wie in Europa, durch Grenzen und verschiedene Spurweiten und Stromsysteme behindert werden.

New York Grand Central Terminal

Der 1903 erbaute Grand Central Terminal ist mit 44 Bahnsteigen und 67 Gleisen auf zwei Ebenen der nach Gleiszahl größte Bahnhof der Welt. Nach der Zahl der Passagiere (200 000) und Bahnhofsnutzer (750 000) insgesamt pro Tag liegt er in Amerika mit der Penn Station ebenfalls an erster Stelle. Ein beliebter Treffpunkt (`by the golden clock´`) ist eine riesige vierseitige Uhr über dem Informationsschalter. Der heutige Wert der Uhr, die unter anderem aus Opal hergestellt wurde, wird auf über 10 Millionen Dollar geschätzt. Die Decke der Eingangshalle zeigt, was New Yorker in den Wolkenkratzerschluchten nur selten zu sehen bekommen: die Sterne des Nachthimmels. Von den 2500 Sternen sind 59 elektrisch beleuchtet, ursprünglich durch 40-Watt-Birnen, heute durch LEDs. Allerdings ist der Sternenhimmel spiegelverkehrt dargestellt, was bei der Eröffnung zu Peinlichkeiten führte, aber damit erklärt wurde, dass die Vorlage, ein Manuskript aus dem Mittelalter, den hypothetischen Blick von außen aufs Weltall zeigt. Zudem findet sich ein dunkler Ring in der Mitte der Sternbilder. In der Eingangshalle wurde als Reaktion auf den sowjetischen Sputnik in den fünfziger Jahren eine Rakete aufgestellt, die die technische Leistungsfähigkeit Amerikas demonstrieren sollte. Das Loch wurde gebohrt, um die Position der Rakete justieren zu können. Aus dokumentarischen Gründen wurden die Spuren des Loches später nicht übermalt. Der Grand Central Terminal feierte Anfang Februar 2013 seinen 100. Geburtstag und zu den vielen Büchern, die es über diese Station gibt, kamen weitere hinzu, denn es gibt so viel Interessantes zu berichten, von einer Flüstergalerie vor einer Austernbar, geheimen Zugängen für den Präsidenten, einer Tiffany-Uhr, einer versteckten Bibliothek und vieles mehr.

Informationsschalter der Wandelhalle

Grand Central Terminal oder Station?

Grand Central ist ein Kopfbahnhof und trägt deshalb im amerikanischen Englisch die Bezeichnung *Terminal* und nicht *Station*. Viele Auswärtige, aber auch New Yorker, sagen dennoch Station. Es gibt in New York sogar den Ausdruck `As busy as Grand Central Station´. Teilweise rührt dies noch vom Vorgängerbau her, der ursprünglich *Grand Central Depot* hieß, später aber *Grand Central Station* genannt wurde, eigentlich auch nicht ganz richtig, da ebenfalls ein Kopfbahnhof. Unter dem heutigen Bahnhof halten zudem 5 U-Bahnlinien an ihrer eigenen Grand Central subway station. Seit 2001 ist eine Verknüpfung des Bahnhofs mit der Long Island Railroad im Bau, welche im Jahr 2022 fertig gestellt werden und nach heutigen Planungen über 11 Milliarden US Dollar kosten soll, das zurzeit teuerste Nahverkehrsprojekt Nordamerikas. Auch dann wird aus dem Terminal paradoxerweise keine Station, denn die Long Island Railroad Züge sollen in einem neuen, 15 Stockwerke unter der Erde liegendem Kopfbahnhof einfahren, der 8 Gleise aufweisen wird. Der Grand Central-Komplex wird dadurch noch belebter und interessanter werden, aber es bleibt weiterhin ein Terminal also ein Kopfbahnhof.

Fassade (mit Tiffany-Uhr) und Städtebaukontext der GCT

Grand Central und die Foamer

Eingefleischte Eisenbahnfreaks werden in Deutschland auch Pufferküsser genannt, in den USA haben sie den Spitznamen *Foamer*, weil sie angeblich vor Begeisterung bei Anblick eines Zuges schäumen. Foamer wird man im Grand Central Terminal aber kaum finden. Während dieser Bahnhof als Architekturikone und geschichtsträchtige `Gute Stube New Yorks´ und Amerikas Architektur- und New York-Fans entzückt, ist er für Lokomotivfans wenig ergiebig. Grand Central ist heute ein reiner

Nahverkehrsbahnhof und lediglich drei Nahverkehrs-
strecken Richtung Norden werden von diesem Bahnhof
bedient. Von eher schäbigen Bahnsteigen fahren einheit-
liche, U-Bahn-ähnliche Nahverkehrswagen ohne Lokomotiven ab. Das war nicht immer so. Von 1902 bis 1967
war Grand Central Ausgangspunkt des *20th Century
Limited*, eines luxuriösern Fernverkehrszuges nach
Chicago. Vor jeder Abfahrt wurde für die Passagiere extra
ein roter Teppich auf dem Bahnsteig ausgerollt.

Grand Centrals Rettung

Der von vielen bedauerte Abriss der Pennsylvania Station,
wie noch unten gezeigt wird, hat dazu beigetragen Grand
Central vor einem ähnlichen Schicksal zu bewahren. Aber
es gab auch noch andere Gründe, warum Grand Central
saniert, statt abgerissen wurde. Zunächst sah es um den
Bahnhof nicht so gut aus. Denn die New York Central and
Pennsylvania und später die Pennsylvania Railroad, denen
die Station gehörte, brauchten, angesichts sinkender
Einnahmen im Personenverkehr durch die immer stärkere
Konkurrenz von Flugzeug und PKW dringend Geld.
Midtown Manhattan ist ein gesuchter Bürostandort, unweit
von Grand Central stehen das Chrysler Building und das
Hochhaus der Vereinten Nationen. So gab es bereits 1954
Vorschläge, Grand Central abzureissen und durch einen
Wolkenkratzer zu ersetzen, der höher sein sollte als das
Empire State Building. Auch als die New York City
Landmark Preservation Commission 1967 Grand Central
den Status einer New York City Landmark (1976 sogar den
Status einer National Historic Landmark) verlieh, war das
Bahnhofsgebäude noch nicht ganz gerettet. Die Denkmal-
schutzkommission wies 1968 die gigantomanischen
Wolkenkratzerpläne zwar ab, doch 1969 schlug die
Bahngesellschaft einen 59-stöckigen Wolkenkratzer vor,
der nur zu einem Abriss der Außenwände geführt hätte, die

Wandelhalle des Bahnhofs aber intakt gelassen hätte. Die Denkmalschutzkommission lehnte auch diesen Vorschlag. Ab. Die Bahn klagte und gewann, aber die Stadt ging in Berufung. Schließlich bestätigte der Oberste Gerichtshof im Jahr 1978 den Landmark-Status des Bahnhofs. Im Jahr 1991 zog sich die Fernverkehrsgesellschaft Amtrak ganz aus dem Bahnhof zurück, denn eine neue Verbindungskurve ermöglichte es allen Fernverkehrszügen direkt in die Penn Station zu fahren. Die New Yorker Nahverkehrsgesellschaft MTA übernahm 1994 den Bahnhof und seither kann es keine Abrisspläne einer finanzhungrigen Fernverkehrsbahn mehr geben.

New York Penn(sylvania) Station

Einst hatte New York ein zweites prächtiges Bahnhofsgebäude, die 1910 erbaute Pennsylvania (Penn) Station. Innen war es den Caracalla-Thermen nachempfunden, außen waren Portale dem Brandenburger Tor in Berlin nachempfunden. Doch die für diesen Bahnhof vorhandenen Überbauungsrechte (air rights) waren zu wertvoll, um sie nicht intensiver zu nutzen. Hätte der Architekt McKim im Bahnkomplex ein Bürohochhaus vorgesehen, hätte das Ensemble kommerziell überleben können. So aber wurde das Empfangsgebäude Mitte der sechziger Jahre, unter erfolglosen Protesten von Architekturkritikern wie der Kanadierin Jane Jacobs (1916-2006) abgerissen, um an seiner Stelle den Madison Square Garden-Komplex zu errichten. Doch der übereilte Abriss wurde von den New Yorkern als Verlust empfunden. Photos von den zerbrochenen Karyatiden, die auf einem Schuttplatz endeten, riefen bei den Bürgern ein schlechtes Gewissen hervor. Und ein Schriftsteller monierte, *dass man einst wie ein König in die Stadt hinein fuhr, jetzt* (mit dem unterirdischen Bahnhof) *aber wie eine Ratte in die Stadt schliche*. So wurde schließlich der Denkmalschutz in New York gestärkt und der ebenfalls prächtigen Central Station blieb ein ähnliches Schicksal erspart.

Die alte Pennsylvania Station

World Trade Center Station

Einer der interessantesten Bahnhöfe New Yorks war einst das Hudson Terminal, über dem sich zwei 22stöckige Wolkenkratzer türmten. Doch der Bahnhof wurde mit dem Bau des World Trade Centers und der Eröffnung der World Trade Center PATH Station geschlossen.

1993 wurde ein Bombenanschlag auf das World Trade Center verübt, der auch einen Teil der Decke des PATH Bahnhofs einstürzen ließ. Etliche Fahrgäste wurden im Bahnhof eingeschlossen. Am 11. September 2001 wurde der Bahnhof bereits kurz nachdem das erste Flugzeug den Nordturm des World Trade Centers getroffen hatte geschlossen. Um 9:10 schickte die Bahngesellschaft noch einen Zug, um Bahnmitarbeiter plus einen Obdachlosen aus dem Bahnhof zu evakuieren.

Durch den Anschlag wurde auch die PATH-Station zerstört. Nach zwei Jahren Pause wurde im November 2003 eine vorläufige Station eröffnet. Bis 2014 soll ein neuer, vom spanischen Architekten Calatrava entworfener, spektakulärer Bahnhof gebaut werden.

⊙ Rockefeller und das Zugunglück von Angola

Am 18. Dezember 1867 verließ der junge John D. Rockefeller, der später zum Milliardär werden sollte, sein bescheidenes Haus in Cleveland, um per Bahn eine Geschäftsreise nach New York zu unternehmen. Er verabschiedete sich von seiner Frau Laura und seiner einjährigen Tochter und hastete zum Bahnhof, um den 6:40 Zug nach Buffalo zu erwischen, wo er in einen Zug nach New York umsteigen wollte. Sein Gepäck hatte er bereits voraus geschickt. Doch Rockefeller kam wenige Minuten zu spät in Clevelands Union Station an. Das bereits verladene Gepäck fuhr ohne ihn ab. Der Zug tuckerte den Eriesee entlang und hatte bereits fast Buffalo erreicht, als im Ort Angola (der von Afrikamissionaren so benannt worden war) die beiden hinteren Waggons aus den Gleisen sprangen und eine Schlucht hinunterstürzten. Beide Waggons gingen in Flammen auf. 50 Fahrgäste verbrannten zur Unkenntlichkeit und weitere wurden schwer verletzt. Rockefeller, der den Bahnhof spät erreichte, wäre in einem der hinteren Waggons gesessen. So aber nahm er einen späteren Zug, der wegen des verunglückten Zuges jedoch in Angola zu einem Halt gezwungen war. Rockefeller wurde der Katastrophe, der er entgangen war, gewahr und telegraphierte noch vom Bahnhof seiner Frau, dass er am Leben war, weil er den Unglückszug knapp verpasst hatte.

⊙ Theodore Roosevelt und die Nachricht

Theodore Roosevelt (1858-1919), auch Teddy genannt (und damit Namensgeber des Teddy-Bärs), galt als Natur- und

Wanderfreund und Autogegner. Im September 1901, Roosevelt war seit Jahresbeginn Vizepräsident der USA, war Teddy mit seiner Familie auf einem Wanderausflug in den Adirondacks im Norden des Bundesstaates New York. In den Bergen erhielt er von einem Läufer die Nachricht, dass auf Präsident McKinley in einer Ausstellung in Buffalo ein Attentat verübt worden war und dieser im Sterben lag. Eine eilige Kutsche brachte Roosevelt zum Bahnhof des Ortes North Creek. Dort wurde Roosevelt ein Telegramm überreicht, das besagte, dass McKinley um 2:30 nachts gestorben war. Heute befindet sich im hölzernen Empfangsgebäude des Bahnhofs ein Museum, das an die damaligen Ereignisse erinnert.

Buffalo und der Büffel

Das im Art Deco Stil gehaltene, 1929 erbaute turmartige Buffalo Central Terminal, gilt als eines der architektonisch bedeutendsten Empfangsgebäude der USA. 1979 verlor es jedoch seine Bahnhofsfunktion und verfiel zunehmend. 1997 wurde das Bahnhofsgebäude deshalb für 1 $ an einen örtlichen Sanierungsverein verkauft. Seither gelang erst eine Teilsanierung, aber immerhin fanden bereits diverse Veranstaltungen im Bahnhof statt, darunter Hochzeiten und ein Oktoberfest.

☞: Der Stadtname *Buffalo* bedeutet *Büffel* und einst war ein ausgestopfter Bison in der Wandelhalle des Bahnhofs ausgestellt, der dem örtlichen Naturwissenschaftsmuseum gehörte und für dieses Werbung machen sollte. Doch da vorbeikommende Fahrgäste an ihm ihre Hände rieben, war sein Fell bald so abgewetzt, dass der Bison durch ein Gipsmodell ersetzt werden musste. Durch eine Unachtsamkeit wurde dieses Gipsmodel später zerstört. Schließlich stellte man eine Plastik namens Fortschritt auf dem Bahnhofsplatz auf. Als man diese zu einem Abtransport in

24

einen Skulpturenpark bereit machte, wurde sie ebenfalls schwer beschädigt.

Buffalo Central Terminal (Bild: Wikipedia)

⊙ Elmira und Mark Twain

Elmira ist eine Mittelstadt (etwa 30 000 Einwohner) im Westen des Bundesstaates New York, unweit der Grenze zu Pennsylvania. Die Stadt hieß ursprünglich Newtown. Als 1808 der Stadtrat zusammentraf, um über einen originelleren Namen für die Stadt zu beraten, soll eine Mutter angeblich laut nach ihrer Tochter `Elmira, Elmira´ gerufen haben. Und so hatte man einen neuen Namen gefunden.

Im Jahr 1849 bekam die Stadt einen Bahnhof. Weil im amerikanischen Bürgerkrieg ein Lager für gefangene Südstaatensoldaten eingerichtet wurde, kam die Stadt zum Spitznamen *Hellmira*. Auf einer Reise nach Ägypten und ins Heilige Land lernte der amerikanische Schriftsteller Samuel Langhorne Clemens, unter seinem Künstlernamen Mark Twain weltweit bekannt, Charles J. Langdon aus Elmira kennen. Langdon lud Twain nach Elmira ein, wo sich dieser in seine Schwester Olivia Langdon verliebte, welche er 1870 in Elmira heiratete. Twains Schwägerin besaß eine Farm am Stadtrand von Elmira und auf dieser sollten die Twains die nächsten 20 Jahre ihre Sommer verbringen (Twain hatte seinen Hauptwohnsitz in Hartford/Connecticut). In einem Gartenhäuschen auf dem Grundstück schrieb Twain einige seiner wichtigsten Werke, darunter *Die Abenteuer des Huckleberry Finn*.

Zum Anwesen gehörte auch eine Hühnerfarm. Dazu gibt es eine Anekdote, die allerdings nicht besonders glaubwürdig erscheint. Twain hatte einen Hühnerstall in Auftrag gegeben, der per Bahn ankommen sollte. Er schickte einen Bediensteten, um den Hühnerstall mit einem Pferdefuhrwerk vom Bahnhof zur Farm zu transportieren.

Doch dieser kam jedoch mit etwas zurück, was größer als ein Hühnerstall war. Er hatte das hölzerne Bahnhofsgebäude aufgeladen.

2.2 Neuengland

Richardsonian Romanesque

Der US-Architekt Henry Hobson Richardson (1838-1886) hat im 19. Jahrhundert eine Stilepoche in der amerikanischen Architektur geprägt, die später *Richardsonian Romanesque* (Richardson-Romanik) genannt wurde. Besonders die Architektur im Raum Boston wurde von diesem Stil beeinflusst. Auch etliche Bahnhöfe, vor allem im Nordosten der USA, sind im 19. Jahrhundert in diesem Stil gebaut worden. Richardson selbst, der bereits mit 47 Jahren starb, entwarf folgende Bahnhöfe der *Boston&Albany Railroad* in Massachusetts: Palmer, North Easton, Framingham, Holyoke, Newton, Wellesly Hills und die Union Station in New London/Connecticut. Etliche weitere Bahnhöfe in den USA sind in ihrer Architektur von Richardsons Stil beeinflusst worden. Ende des 19. Jahrhunderts galt übrigens der neoromanische Architekturstil mit seinen einfachen wuchtigen Formen im Deutschen Reich als Lieblingsstil des Kaisers und als besonders deutsch. Nach der Annexion Lothringens wurde deshalb der Bahnhof von Metz in diesem Stil erbaut.

Portland (Maine) und die Möwe

Im Jahre 1961 brachte eine Abrissbirne den schönen neogotischen Turm des Empfangsgebäudes der Union Station von Portland (Maine) zum Einsturz. Eine Möwe als letzter Bahnhofsnutzer flog noch rasch aus dem Turm. Der unüberlegte Abriss des Empfangsgebäudes, an dessen Stelle eine Shopping Mall errichtet wurde, sollte - wie in New York bei der Penn Station - in Portland ein Umdenken und eine Stärkung des Denkmalschutzes bewirken.

Worcester Union Stations Wiedergeburt

Mit dem Niedergang des Eisenbahnpersonenverkehrs seit den 1960er Jahren wurden etliche Bahnhöfe aufgegeben. Durch den Rückgang der Reisendenzahlen und die Fusion von Eisenbahngesellschaften wurden viele Union Stations betrieblich nicht mehr gebraucht. Nach anfänglichem Verfall vieler Gebäude fanden sich für Bahnhöfe in zentraler Lage großer Städte bald anderen Nutzungen, wie Einkaufszentren und Hotels. Doch auch manche Bahnhöfe kleinerer Städte wurden erfolgreich revitalisiert, oft stellten sich neue Nutzungen erst nach einer vorausgegangenen Sanierung, etwa durch eine regionale Entwicklungsgesellschaft, ein.

Die Union Station von Worcester in Massachusetts wurde 1975 aufgegeben und verfiel zwei Jahrzehnte lang. 1995 wurde sie von der Worcester Development Authority gekauft und saniert. Dabei scheute man keine Kosten, denn sogar die beiden längst abgerissenen imposanten Uhrtürme wurden wieder aufgebaut Das sanierte Empfangsgebäude gehört heute zu den schönsten Amerikas und kann für private Feiern gemietet werden.

Worcester Union Station

Mount Washington und die Zahnradbahn

Die Bergstation der Zahnradbahn auf den 1917 m hohen Mount Washington im Bundesstaat New Hampshire ist der höchstgelegene Schienenverkehrshalt im Osten der USA. Überraschenderweise ist die 1869 eröffnete Zahnradbahn auch die älteste einen Berg erklimmende der Welt. Die erste Bergzahnradbahn im Zahnradland Schweiz, die Rigibahn, gebaut nach dem 1863 vom Schweizer Nikolaus Riggenbach erfundenen Zahnrad-Antriebsprinzip wurde erst 2 Jahre später eröffnet. Auf den Mount Washington fuhren per Zahnradbahn unter anderem Ulysses S. Grant und Albert Einstein. 1994 wurde die Marshfield Station als neue Talstation in altem Arrchitekturstil aber mit modernen Serviceeinrichtungen eröffnet.

Bretton Woods

Am Fuß des Mount Washington liegt das Bretton Woods Hotel. Hier fand 1944 die berühmte *Bretton Woods-Währungskonferenz* statt, zu der Teilnehmer mit Sonderzügen zum unweit gelegenen Bahnhof Bretton Woods anreisten. Der Bahnhof ist heute für den Schienenverkehr stillgelegt und beherbergt das Restaurant *Fabyan's Station*.

Providence

Als die erste Union Station von Providence, der an der Bahnlinie New York-Boston gelegenen Hauptstadt von Rhode Island, im Jahr 1847 eröffnet wurde, war das Empfangsgebäude das längste Gebäude der USA.
1898 wurde dieser Bahnhof durch einen Neubau ersetzt. Doch die dicht an der Innenstadt auf den Bahnhof zulaufenden Gleise galten als eine ‚chinesische Mauer', die die Stadtentwicklung hemmte. So wurden die Bahnlinien nach außen verlegt und in das alte Bahnhofsgebäude zogen Büros und ein Restaurant ein. 1986 bekam Providence

einen neuen Bahnhof, dessen schlichter Uhrturm ein wenig dem des Bahnhofs von Stuttgart ähnelt. Sein Glasdach in Form einer umgedrehten Untertasse erinnert ein bisschen an eine Moschee. Mit über 600 000 Fahrgästen im Jahre 2011 gehört er zu den Top 20 US-Bahnhöfen von Amtrak.

Cannondale und der Fahrradhersteller

Vom Grand Central Terminal fahren Züge der *Metro North Line* bis Cannondale in Connecticut. In den 70er Jahren rief vom öffentlichen Telefon dieses Bahnhofs ein Mitarbeiter einer kleinen Fahrradfirma bei der Telefongesellschaft an, um einen Firmenanschluss zu beantragen. Als er nach dem Namen der noch unbenannten Firma gefragt wurde, stutzte er und meinte, *„Hm,...Cannondale"*. So kam der bekannte Fahrradhersteller zu seinem Namen.

White River Junction und die Wetterfahne

Im Buch „Die Eisenbahn in den USA" zeigt Joe Welsh ein 1974 aufgenommenes Bild des Bahnhofsturms von White River Junction in Vermont. Der Turm ist rundum mit Fenstern versehen, auf seinem Dach eine Wetterfahne in Form einer Dampflokomotive. Doch in späteren Jahren, schreibt der Autor, war von der liebevoll ausgearbeiteten Lokomotivwetterfahne nichts mehr zu sehen. Sie wurde das Opfer von Wetterfahnen-Sammlern.

Boston South

Die South Station von Boston war bei ihrer Eröffnung im Jahre 1899 der Bahnhof mit der weltweit höchsten Fahrgastzahl. Noch 1913 hatte die South Station mit 100 000 Passagieren pro Tag mehr Fahrgäste als der New York Grand Central Terminal. Die Bahnsteigshalle, die aus einem einzigen weiten Bogen bestand, galt als eine der größten der Welt, wurde allerdings wegen Korrosion durch die salzige

Meeresluft 1930 abgerissen. 1945, als GIs aus Europa zurückströmten, wurden mit 135 000 Fahrgästen pro Tag noch einmal Passagierrekorde aufgestellt. Nach dem Zweiten Weltkrieg gingen die Fahrgastzahlen zwar zurück, doch der gut ausgebaute Schienennahverkehr und der Anschluss an die Boston-Washington Hauptverkehrsachse von Amtrak sorgen für (für amerikanische Verhältnisse) weiterhin hohe Fahrgastzahlen von über 30 000 Personen pro Tag.

Boston South Station

Boston North

Nördlich von Bosten dünnt der Eisenbahnfernverkehr merklich aus und so hat der Bahnhof Boston North weniger als ein Drittel der Passagierzahlen von Boston South. Immerhin nimmt der Verkehr heute wieder zu un es steigen in Boston North täglich über 1000 Fahrgäste in Fernverkehrszüge und 10 000 in Nahverkehrszüge ein.

⊙ Der Bahnhof von Gettysburg

Die Schlacht bei Gettysburg in Pennsylvania, die von der Nordstaatenarmee gewonnen wurde und bei der 46 000 Soldaten starben, spielte eine wichtige Rolle im amerikanischen Bürgerkrieg. Während der Schlacht diente der 1859 erbaute Bahnhof des Ortes als Lazarett und viele der Soldaten reisten danach von ihm ab. Am 18. November 1863 kam hier der amerikanische Präsident Abraham Lincoln an, um einen Tag später auf dem Soldatenfriedhof von Gettysburg eine wegweisende Rede zu halten. Heute heißt der Bahnhof *Lincoln Station* und wegen der historischen Bedeutung des Ortes wurde er vor wenigen Jahren renoviert und kann besichtigt werden.

⊙ Jersey City und der Retter Lincolns

Im Jahre 1864 stieg Robert Lincoln, der Sohn Abraham Lincolns, auf dem Weg von Harvard nach Washington im Bahnhof von Jersey City um. Durch das Gedränge auf der Plattform fiel er unglücklicherweise in den Spalt zwischen Zug und Bahnsteig. Doch ein Mann zog ihn wieder herauf und rettete ihm damit das Leben. Es war Edward Booth, dessen jüngerer Bruder John Wilkes Booth ein Jahr später Roberts Vater, den US-Präsidenten Abraham Lincoln (1809-1865), erschoss.

Baltimore Mount Clare Station

Baltimore hatte die erste Eisenbahnlinie und mit der 1829 erbauten Mount Clare Station den ersten Bahnhof der USA. Der Mount Clare Komplex schloss zudem auch die erste Eisenbahnfahrzeugfabrik der USA ein. Deshalb gilt Mount Clare als `the birthplace of American railroading´.

Leider ist vom alten Empfangsgebäude nichts mehr übrig. Doch ein zweiter Bahnhofsbau aus dem Jahre 1851 steht noch und der runde Eisenbahnschuppen, in welchem heute das B&O Railroad Museum untergebracht ist, ist auch schon 125 Jahre alt. Leider stürzte das Dach des Museums aufgrund hoher Schneelast im Februar 2003 ein, wodurch auch etliche Ausstellungsstücke beschädigt wurden. Dennoch zählt dieses Eisenbahnmuseum unter Kennern immer noch zu den bedeutendsten weltweit.

Baltimore Camden Station

Die Camden Station in Baltimore gilt als eines der ältesten durchgehend genutzten Bahnhofsgebäude der Welt. Bereits im Jahre 1857 wurde das Empfangsgebäude mit seinem klassischen italianisierenden Stil erbaut und es verlor die Bahnhofsfunktion erst in den 1980er Jahren. Heute findet sich darin das Sportmuseum *Sports Legends at Camden Yards*. In seinem renovierten Zustand mit dem hohen schlanken Mittelturm und den zwei Seitentürmchen ist es eines der schönsten ehemaligen Bahnhofsgebäude der Ostküste. Im bahntechnischen Sinn ging die Bahnhofsfunktion der Anlage jedoch nicht ganz verloren, denn an den Bahnsteigen halten immer noch Züge.

Baltimore Pennsylvania Station und die Statue

2004 wurde mit Kunst-am-Bau-Mitteln der Stadt vor der Pennsylvania Station von Baltimore eine seither umstrittene 15 Meter hohe Aluminium-Statue namens *Male/Female* aufgestellt. Kritiker meinen, dass die riesige Statue, die dicht vor der Fassade steht, von der Beaux-Arts-Architektur des Bahnhofs ablenkt und die örtliche Zeitung *Baltimore Sun* schreibt seither gegen die Statue an. Ein Journalist meinte, die Statue sehe aus wie der Roboter *Gort* im Film `The Day when the Earth stood still'.

⊙ Westinghouse und der Test bei Pittsburgh

Eines Tages war der amerikanische Erfinder George Westinghouse (1846-1914) per Bahn zu einem Geschäftstermin in die Stadt Troy unterwegs. Plötzlich stoppte der Zug abrupt und Westinghouse riss es aus seinem Sitz. Er schaute aus dem Fenster und sah, warum der Zug halten musste: zwei Güterzüge waren kollidiert. Er fragte den verletzten Bremser des Zugwracks, wie so etwas am helllichten Tag passieren konnte, wo man den entgegenkommenden Zug ja von weither sehen und bremsen konnte. Dieser meinte, bremsen könnte man wohl, aber die Bremsen würden nicht schnell genug wirken. Dies brachte Westinghouse zum Nachdenken und er entwickelte daraufhin, aufbauend auf bereits vorhandenen Technologien, eine Luftdruckbremse. Als Westinghouse den Präsidenten der *New York Central Railroad* Cornelius Vanderbilt um Unterstützung für die Erfindung bat, schickte dieser seinen Brief mit der Bemerkung zurück: `I have no time to waste on fools´.

Um die Bahnen zu überzeugen, musste die Erfindung im Betrieb gestestet werden, doch viele Bahngesellschaften lehnten ab. Schließlich war die *Panhandle Railroad* bereit, auf der Strecke Pittsburgh-Steubenville im April 1869 einen Versuch zu wagen. Als der mit Druckluftbremse ausgestattete Zug aus einem Tunnel bei Pittsburgh kam, sahen Westinghouse und sein Ingenieur Täte, wie ein Pferdegespann auf einem voraus liegenden Bahnübergang zum Halten kam. Mit Peitschenhieben versuchte der Kutscher, die Pferde weiter zu treiben, doch diese bockten und der Kutscher fiel auf die Schienen. Täte öffnete schnell das Ventil der Druckluftbremse und der Zug kam wenige Meter vor der Kutsche zum Halten. Nach diesem Test setzte sich die Luftdruckbremse durch und Westinghouse gründete die *Westinghouse Air Brake Company*. Nun bekam er ein Schreiben des Eisenbahn-Tycoons Vanderbilt. Die Antwort von Westinghouse `I have no time to waste on fools´.

Pittsburgh - die unterschätzte Stadt

Pittsburgh war einst die führende amerikanische Stahlstadt und galt wegen der industriebedingten Umweltbelastung als `Hell with the lid taken off` (Hölle mit geöffnetem Deckel). Doch Kenner sehen Pittsburgh auch als eine der attraktivsten US-Städte. Pittsburgh liegt am Zusammenfluss zweier Flüsse, hat viele Brücken, eine interessante Skyline und liegt in einer schönen Landschaft. Zudem sitzen wichtige Hochschulen in der Stadt. Kein Wunder, dass auch am wichtigsten Bahnhof der Stadt, der Pittsburgh Union Station, auch Penn Station genannt, keine Rust Belt-Atmosphäre industriellen Niedergangs herrscht. Das von Daniel Burnham, dem Architekten der Washington Union Station, entworfene mehrstöckige Bahnhofsgebäude beherbergt heute Luxuswohnungen und der Wartesaal dient als Eingangshalle für den Wohnturm. Trotz der Wohnnutzung des Empfangsgebäudes halten am Bahnhof weiterhin Züge.

⊙ Princeton Junction und Albert Einstein

Albert Einstein (1879-1955) hatte 1921 den Nobelpreis für Physik bekommen. Damals war er in Berlin tätig, doch sein wissenschaftlicher Erfolg trug ihm zahlreiche Ehrendoktorwürden ein, darunter auch die der Universität Princeton (New Jersey) an der amerikanischen Ostküste. Im Dezember 1932 reiste er dorthin, kam aber 1933 aufgrund der Machtübernahme der Nationalsozialisten nicht nach Deutschland zurück und verbrachte den Rest seines Lebens in dieser Universitätsstadt. Es wird berichtet, dass Einstein ein Vergnügen dabei hatte, am Bahnhof Princeton Junction zu sitzen und die Züge vorbeifahren zu sehen.

⊙ Frank Sinatra und der Bahnhof von Ramsey

Der US-Entertainer Frank Sinatra (1915-1998) wurde als Sohn italienischer Einwanderer in Hoboken im US-Bundesstaat New Jersey geboren. Zu Ruhm gekommen, zog er 1948 nach Palm Springs in Kalifornien um. Doch irgendwie schien er dort die in seinem Geburtsstaat reichlich vorhandene Eisenbahn zu vermissen. Denn in einem Haus auf seinem Anwesen baute er eine riesige Modellbahnanlage auf und ein Gebäude ließ er als Kopie des Bahnhofs von Ramsey in New Jersey errichten.

Philadelphia Graver´s Lane

Im Buch '*1001 Buildings you must see before you die*' ist die 1882 von Frank Furness erbaute kleine *Graver´s Lane Station* in Philadelphia von den aufgelisteten 9 Bahnhöfen der einzige der USA. Dem Autor gefiel die Tatsache, dass alle Gebäudeteile so aussehen, als müssten sie eigentlich viel größer sein, was dem Bahnhof eine interessante, spielzeugartige Anmutung verleiht. Der Architekt Albert Kesley schrieb: `*The whole sweep of the structure there, relatively unimportant as it is, is masterful.*´

⊙ Philadelphia 30th Street Station

Als der 30th Street-Bahnhof von Philadelphia 1930 eröffnet wurde, steckten in ihm etliche Innovationen. Sein flaches Dach war so angelegt worden, dass Kleinflugzeuge auf ihm landen konnten. Zudem gab es im Bahnhof ein Rohrpostsystem und ein internes elektronisches Kommunikationssystem. Am 13. September 2001 gab es wieder etwas Besonderes. An diesem Tag hielt der US-Schriftsteller und Satiriker Neal Pollack (*1970) nämlich eine Lesung auf dem Herrenklo des Bahnhofs.

Benjamin Franklin wurde 1706 in Philadelphia geboren und so gab es Bestrebungen, die 30th Street Station, den wichtigsten Bahnhof der Stadt, zu dessen 300. Geburtstag im Jahr 2006 in *Ben Franklin-Station* umzubenennen.

30th Street Station (Ausgang zur Stadt)

Doch unter anderem weil man befürchtete, eine *Ben Station* könnte mit existierenden *Penn Stations* verwechselt werden, blieb letztlich alles beim Alten.

30th Street Station (Wandelhalle)

Scranton Lackawanna

Die Stadt Scranton in Pennsylvania entwickelte sich im 19. Jahrhundert durch die örtlichen Vorkommen hochwertiger Anthrazit-Kohle zu einer Industriestadt, die ganz Amerika mit Eisenbahnschienen belieferte. In Scranton fuhr 1886 die erste elektrische Straßenbahn der USA, weshalb die Stadt den Beinamen `electric city´ bekam.

Doch nach einer Naturkatastrophe im Jahr 1959, als der Susquehanna-Fluss die Bergwerke flutete, war es mit dem Bergbau zu Ende. Seit den 1970er Jahren wanderte auch die Textilindustrie ab und Scranton wurde zu einer schrumpfenden Stadt des industriellen Rust Belts. Immerhin fand man für den 1907-1908 in neoklassischem Stil erbauten Lackawanna Bahnhof Scrantons eine Lösung, er wurde 1983 zu einem Hotel. Nach einer Renovierung 2006 ist das mit Siena-Marmor und handbemalten Fließen ausgekleidete Gebäude heute ein Dreisterne-Hotel der Radisson-Kette.

Hoboken Terminal

Das Hoboken Terminal in New Jersey ist ein intermodaler Verkehrsknoten in welchem Fernbahnlinien, Busse, Stadtbahnen und Fähren, welche Hoboken mit New York auf der anderen Seite des Hudson verbinden, zusammenkommen. Der Wartesaal mit seinen Tiffany-Glasfließen gilt als einer der schönsten Nordamerikas. Der 69 m hohe Uhrturm, der Anfang der 50er Jahre abgerissen worden war, wurde zur 100-Jahr-Feier der Station wieder aufgebaut. Etliche Neuerungen wurden zuerst in dieser Station ausprobiert. Hier fuhr der erste fahrplanmäßige elektrische Zug Nordamerikas ab, hier wurde erstmals eine zentrale Klimaanlage in einem öffentlichen Gebäude eingebaut. Auch die vom amerikanischen Ingenieur Lincoln Bush 1906 entwickelten Bahnsteigdächer, mit ihrem Mittelschlitz für den Dampfabzug, die große Bahnsteighallendächer überflüssig machten, wurden zuerst in Hoboken eingebaut.

⊙ Washington Baltimore and Potomac Station

Am 2. Juli 1881, zwei Monate nach seiner Amtseinführung als 20. amerikanischer Präsident, wurde auf James Abram Garfield in der *Baltimore and Potomac Station* von Washington ein Attentat verübt. Als Garfield den Zug nach Williamstown/MA bestieg, trafen ihn 2 Kugeln, abgefeuert von Charles J. Guiteau, der enttäuscht war, weil er eine Stelle als US-Botschafter in Frankreich nicht bekommen hatte. Doch die Kugeln, eine davon drang in den Körper ein, waren nicht tödlich. Zum Verhängnis wurde dem Präsidenten jedoch, dass verschiedene Ärzte mit nicht sterilisierten Fingern in der Wunde rumbohrten, um die Kugel zu finden. Schließlich versuchte es der Erfinder Alexander Graham Bell mit einem Metalldetektor. Er kam zum Schluss, die Kugel müsse tief im Körper sitzen. Die Ärzte schnitten den Präsidenten auf, ohne die Kugel zu finden. Denn Bells Metalldetektor hatte nicht die Kugel lokalisiert, sondern eine Metallfeder im Bett des Präsidenten. Durch den Ärztepfusch starb der Präsident schließlich 80 Tage nach dem Attentat.

Mit der Eröffnung der Union Station wurde der Attentats-Bahnhof 1907 geschlossen und später abgerissen.

Washington Union Station

Die 1907 eröffnete Union Station in Washington galt einst als der größte Bahnhof Amerikas, wenn nicht der Welt. Die Bahnhofshalle galt als weltweit größter Raum unter einem Dach. Es gab eine eigene Präsidentensuite, denn in der Vorgängerbahnstation am Capitol Hill war 1881 beim Warten auf den Zug der US-Präsident James Garfield erschossen worden. Der neoklassische Stil des Empfangsgebäudes nimmt viele Formelemente der römischen Antike auf, so imitiert das Eingangsportal den Konstantinsbogen in Rom, die Halle erinnert an eine überdimensionierte römische Basilika und die Fassade enthält 36 Statuen römischer Legionäre. Der später errichtete Zentralbahnhof von Mailand wurde von der Architektur der Union Station inspiriert. Zudem gibt es etliche Architekturgemeinsamkeiten mit der alten *Pennsylvania Station* in New York. Wie diese wollte die *Pennsylvania Railroad* in den 1960er Jahren auch die Union Station abreißen und das Grundstück anderweitig überbauen. Doch der Kongress intervenierte und das Gebäude wurde gerettet. In den siebziger Jahren verfiel es jedoch immer mehr und im Jahre 1981 wurde der Bahnhof geschlossen. Doch nach einer Renovierung und einem Ausbau zu einem Einkaufszentrum wurde er 1988 wieder eröffnet. Heute nutzen den Bahnhof mehr als 50 000 Personen pro Tag, darunter etwa 13 000 Fernverkehrspassagiere.

Die Union Station und der ungebremste Zug

Am Morgen des 1. Januars 1953 versagten bei einem Zug des Federal Express 3 km vor der Union Station von Washington auf abschüssigem Gelände die Bremsen. Per Funk warnte der Lokführer den Bahnhof und die Bahnhofshalle wurde geräumt, als der Zug auf den Bahnhof zuraste. Die Lokomotive traf den Prellbock mit etwa 40 km/h, sprang aus den Gleisen und zerstörte eine Bahnsteigwärterkabine, nahm einen Zeitungsstand mit und war dabei, durch die Wand in die Bahnhofshalle durchzubrechen. Doch durch das Gewicht der Lok gab die Plattformdecke nach und der Zug stürzte ins Kellergeschoss des Bahnhofs. Doch niemand kam ums Leben und die Passagiere in den hinteren Abteilen glaubten, es handelte sich um eine nur etwas abruptere Zugbremsung. Im Untergeschoss, wo die Lok zum Liegen kam, befindet sich heute die Gastronomieebene des Bahnhofs.

2.5 Michigan

⊙ Port Huron und Thomas Alva Edison

Der amerikanische Erfinder Thomas Alva Edison (1847-1931) wurde in Milan/Ohio geboren. Doch da der Ort keinen Bahnanschluss bekam, zog die Familie, als er sieben Jahre alt war, nach Port Huron in Michigan um. Die Bahnverbindung von dort nach Detroit sollte für die frühen unternehmerischen Aktivitäten Edisons eine wichtige Rolle spielen. Bereits mit 11 verdiente er sich sein Geld als Zeitungsjunge in den Zügen. Wenige Jahre später brachte er sogar eine eigene Zeitung heraus, welche er auf einer Druckerpresse im Zug produzierte und den Fahrgästen verkaufte. Als er einmal dem Zug hinterherlief, zog ihn der Schaffner an den Ohren in den Waggon, wodurch im Innenohr etwas riss, vermutlich ein Grund für Edisons spätere Schwerhörigkeit.

Einmal sah Edison wie der dreijährige Jimmie MacKenzie auf den Gleisen spielte, als ein Zug herannahte. Edison rettete ihm das Leben und dessen Vater, ein Bahnhofsmitarbeiter, war darüber so dankbar, dass er Edison das Telegraphieren beibrachte, was diesem zu einem Telegraphenjob verhalf und seine weitere Entwicklung als Erfinder beflügeln sollte.

Holland in Michigan

Die Stadt Holland in Michigan kam zu ihrem Namen, weil sie in den 1840ern von Holländern gegründet wurde. Über 100 Jahre lang war die Bevölkerung zu über 90 Prozent holländischer Abstammung. Erst nach dem Zweiten Weltkrieg kam es zu einer ethnischen Mischung. In der Stadt steht die letzte Original holländische Windmühle, die die Niederlande mit offizieller Genehmigung noch verließ. Außerdem gibt es einen Kanal, eine Holzschuhfabrik und Backsteinhäuser. Nur der Bahnhof erinnert mit seiner modernen Zweckarchitektur nicht an Holland- wenn nicht die vielen Tulpen in den bis an die Gleise reichenden Blumenrabatten und Grünflächen wären.

⊙ Ann Arbor und der verwechselte Koffer

Das in neogotischem Still gehaltene Michigan Central Railway Depot der unweit von Detroit gelegenen Stadt Ann Arbor galt nach seinem Bau im Jahre 1886 als `the finest station on the line from Buffalo to Chicago´. 1970 wurde das Bahnhofsgebäude an Chuck Muer verkauft, der es restaurierte und darin das Restaurant Gandy Dancer einrichtete. `Gandy Dancer´ war einst ein Spitzname für die Gleisarbeiter. In seiner 84-jährigen Geschichte hatte der Bahnhof zahlreiche US-Präsidenten gesehen, die hier auf Wahlkampftour mit dem Zug Station machten, darunter Roosevelt, Nixon und Kennedy. Auch William Howard Tafts Wahlkampfzug hielt einst in Ann Arbor.

Taft war von 1909-1913 der 27. Präsident der USA. Mit einem Gewicht von über 140 kg war er so schwer, dass im Weißen Haus eine besondere Badewanne für ihn angeschafft werden musste, da er in der ersten Wanne stecken blieb. Im November 1915, bereits längst aus dem Amt, besuchte Taft die Universität von Michigan in Ann Arbor. Im Gästehaus der Universität musste er jedoch feststellen, dass am Bahnhof sein Gepäck vertauscht worden war, denn in seinem Koffer fanden sich nur Frauenkleider. Taft machte sich weniger um sich Sorgen, als um die bedauernswerte Frau, die mit seiner zeltartigen Kleidung wohl nichts anzufangen wusste. Schließlich verschob man die Rede, bis man für den Ex-Präsidenten Ersatzkleidung beschafft hatte.

Chelsea und das Eisenkabel

Die westlich von Ann Arbor an der Michigan Central Line gelegene Stadt Chelsea hat einen kleinen hölzernen Bahnhof. Der 1850 errichtete Vorgängerbau war das erste kommerzielle Gebäude der Stadt, aber eigentlich nur eine bescheidene Hütte, denn damals war Chelsea erst ein kleines Dorf. Doch mit der Bahn kam das Wachstum und in den 1870er Jahren wollten die Bürger der Stadt ein repräsentativeres Bahnhofsgebäude haben. Die Bahngesellschaft blieb jedoch untätig. So befestigten eines Nachts junge Männer ein Eisenkabel am Bahnhof. Das andere Ende machten sie an einem einfahrenden Zug fest. Als der Zug abfuhr, zog er den Bahnhof mit und dessen Holzteile wurden entlang der Bahntrasse verstreut. So musste die Gesellschaft Michigan Central 1880 schließlich in Chelsea einen neuen Bahnhof errichten. Dieser steht noch heute dort, Züge halten hier seit 1981 allerdings nicht mehr.

Detroit Michigan Central Station

Die amerikanische Autostadt Detroit gilt als Inbegriff des industriellen Zerfalls. Einst eine der reichsten Städte der USA hat die „motor city" seit 1950, damals mit 1.8 Millionen Einwohnern fünftgrößte Stadt der USA, mehr als die Hälfte ihrer Einwohner verloren. Vor allem die weiße Mittelschicht ist in die Vororte abgewandert. Trotz Versuchen, der Innenstadt Leben einzuhauchen, ist das Stadtzentrum durch moderne Ruinen geprägt. Das gilt auch für den Hauptbahnhof der Stadt, die *Michigan Central Station*, ein achtzehnstöckiges monumentales Bauwerk, das heute verlassen in der Stadtbrache steht. Dieser Bahnhof wurde 1913 eröffnet, nachdem eine andere Bahnstation abbrannte. Der Wartesaal wurde einem römischen Bad nachempfunden und hatte Wände aus Marmor. Der Bahnhof liegt etwas außerhalb der City, damals hoffte man, die Stadtentwicklung würde dem Bahnhof folgen. Doch dem Boom der Autoproduktion unter Henry Ford folgte die Wirtschaftskrise der zwanziger Jahre. Nach dem 2. Weltkrieg ging der Eisenbahnverkehr immer mehr zurück und es wurde versucht, das Gebäude zu verkaufen, doch Interessenten fanden sich nicht. 1967 wurden der Wartesaal und andere Einrichtungen geschlossen. In den siebziger Jahren übernahm die neu gegründete Gesellschaft Amtrak den Eisenbahnpersonenverkehr. Doch schon 1988 fuhr der letzte Zug aus dem Bahnhof ab und die Station wurde später für unter 80 000 $ verscherbelt. Alle Umnutzungspläne sind bisher jedoch gescheitert.

⊙ Battle Creek und die Cornflakes

Die Stadt Battle Creek im Süden Michigans hat den Beinamen *Cereal City*, denn hier wurden die Cornflakes erfunden und hier hat noch heute der Kellogg-Konzern seinen Hauptsitz. Der Mediziner John Harvey Kellogg (1852-1943) betrieb in Battle Creek ein Sanatorium, das er nach ganzheitlichen Gesichtspunkten leitete, wobei eine vegetarische Ernährung eine wichtige Rolle spielte. 1894 entwickelte Harvey die als *Corn Flakes* bekannt gewordenen Maisflocken. Sein geschäftstüchtigerer Bruder Will Keith Kellogg (1860-1951) gründete dann im Februar 1906 die *Battle Creek Toasted Corn Flake Company*, die seit 1922 als *Kellogg Company* firmiert und mittlerweile der größte Getreideverarbeiter der Welt ist. Ebenfalls im Jahr 1906 wurde der zweitürmige Bahnhof Grand Trunk Depot in Battle Creek eröffnet. Die örtliche Zeitung sah den Bahnhof im Jahr 1907 als `one of the most elaborate and finely finished depots in the country´. Allerdings zeigt der Bahnhof auch ein seltsames Stilgemisch. Das Erdgeschoß besteht aus grauen Granitwänden, darauf setzt eine Ziegelfassade auf mit barockartigen Giebeln und spanisch anmutenden Türmen. Der luxuriöse Wartesaal war mit Marmor ausgelegt und hatte ein Tonnendach mit vergoldeten Deckenverzierungen im Renaissancestil. 1971 wurde der Bahnhof stillgelegt, diente der Bahngesellschaft allerdings noch bis 1988 als Büro. Heute sitzt hier die Community Action Agency von South Michigan, die von der W.K.

Kellogg Foundation die nötigen Mittel bekommen hatte, das Gebäude zu kaufen und zu renovieren.

Niles und die Lichtshow

Die Stadt Niles in Michigan hat einen 1892 erbauten Sandsteinbahnhof, der noch heute von Amtrak-Zügen bedient wird (allerdings steigen hier nur 18 000 Personen pro Jahr ein, also nur etwa 50 pro Tag). Das gut erhaltene, photogene Bahnhofsgebäude hat bereits mehrere Filmteams angezogen. Hier wurden Szenen von *Continental Divide* mit John Belushi und *Midnight Run* mit Robert de Niro gedreht. 1990 wurde hier eine Szene des Films `Only the Lonely´ gedreht. Dazu wurde das Bahnhofsgebäude mit Lichterbändern dekoriert. Nachdem die Dreharbeiten beendet waren, bot die Filmcrew dem Bahnhofseigentümer Amtrak an, die Lichtbänder kostenlos dem Bahnhof zu überlassen. Doch Amtrak lehnte dankend ab. Schließlich nahm der *Niles Four Flags Garden Club* die Lichterketten an und dekorierte damit wieder pünktlich zu Weihnachten 1991 den Bahnhof. Seither gehen jeweils am ersten Wochenende im Dezember nach Einbruch der Dunkelheit die Lichterbänder an der Bahnhofsfassade von Niles an, was jeweils mit einem kleinen Fest gefeiert wird.

East Lansing Station und die Universität

Etliche amerikanische Bahnhofsgebäude sind nach Stilllegung zu Restaurants umgebaut worden, so auch in Lansing (Michigan). Als die internationale Bahnverbindung Chicago-Toronto wieder aufgenommen wurde, fehlte der Bahngesellschaft Amtrak in Lansing nun ein Stationsgebäude. Schließlich half die Michigan State University im nahen East Lansing, mit über 40 000 Studenten eine der größten Hochschulen Amerikas, indem sie der Bahn ein an den Gleisen liegendes Lagergebäude überließ. So kamen sowohl Amtrak als auch die Uni zu einem Bahnhof.

Chicago LaSalle Street Station

Am Standort LaSalle Street in Chicago hat es bereits mehrere Empfangsgebäude gegeben.

Das erste wurde 1852 gebaut, aber bereits 1866 durch einen Neubau ersetzt, der durch den großen Stadtbrand 1871 zerstört, aber später wieder aufgebaut wurde. Der dritte Bahnhof wurde 1903 errichtet und stand bis 1981. Hier wurde 1959 Hitchcocks Triller `Der Unsichtbare Dritte´ gedreht und 1973 Szenen des Films `Der Clou´ mit Paul Newman und Robert Redford.

Chicago North Western Station

Chicago war wegen seiner zentralen Lage im US-Eisenbahnnetz einst die Hochburg der *Hobos*. Ende des 19. Jahrhunderts und Anfang des 20. Jahrhunderts war die Blütezeit der Hobos, der amerikanischen Wanderarbeiter, die Güterzüge nutzten, um kostenlos durch das Land zu reisen. In Chicago galt die West Madison Street als *Hobo Capital of the World*. Hier konzentrierten sich Arbeits-vermittlungsbüros, die Jobs für alle Teile der USA ver-mittelten. Zugehörender Bahnhof war das an der West Madison Street gelegene North Western Terminal.

Das 1911 erbaute Empfangsgebäude des *Chicago and North Western Terminals* wurde 1984 abgerissen, um Platz für das Citicorp Center-Hochhaus zu machen, dessen untere Stockwerke heute den Bahnhof beherbergen. Dieser heißt heute offiziell *Richard B. Ogilvie Transportation Center* und wurde nach einem Gouverneur von Illinois benannt, der sich besonders für die Eisenbahn eingesetzt hatte.

Chicago Union Station

Der Wartesaal der 1925 erbauten Union Station Chicagos gilt als einer der großartigsten öffentlichen überdachten

Räume der USA. Sein Beiname ist *the Great Hall* und ein besonderes Merkmal sind seine langen massiven Holzbänke. Der Wartesaal ähnelt demjenigen der alten, Anfang der 1960er abgerissenen Penn Station in New York. Die Wandelhalle hatte ebenfalls die Pennsylvania Station in New York zum Vorbild, in den 1960ern wurden die Wandelhallen beider Bahnhöfe jedoch abgebrochen.

Die Union Station von Chicago kam auch in etlichen Kinofilmen vor. Im Film `Die Unbestechlichen' (*The Untouchables*) rüttelt ein aus der Hand geglittener Kinderwagen die Bahnhofstreppe zur LaSalle Street hinunter. Die Union Station ist auch Ausgangspunkt des Fernzuges *Texas Eagle.*

Chicago Union Station (Bild: Krzysztof Makara)

Ravinia und das Orchester

Highland Park ist ein wohlhabender Vorort im Norden Chicagos. Zu Highland Park gehört die ehemalige Künstlerkolonie Ravinia District. Hier wurde von der *Chicago und Milwaukee Electric Railroad* im Jahr 1904 der Vergnügungspark Ravinia angelegt, der der Bahn Fahrgäste bringen sollte. Als die Bahngesellschaft dennoch bankrott ging, kauften Chicagoer Geschäftsleute den Park auf und etablierten dort ein jährliches Musikfestival. Das *Ravinia Festival* ist heute das älteste Freiluft-Musikfestival der USA und findet wegen des hohen Niveaus der Darbietungen Anerkennung. Louis Armstrong, Duke Ellington, Frank Zappa, Janis Joplin und Leonard Bernstein sind hier unter anderem aufgetreten. Auch das Chicago Symphony Orchestra verlegt während der Sommermonate seine Auftritte auf das Ravinia-Gelände. Allerdings ist der Konzertsaal sehr nahe an die Gleise gebaut. James Petrillo, der Präsident der amerikanischen Orchestermusikervereinigung, ließ einst die Züge stoppen, als der berühmte Meistergeiger Jascha Heifetz anlegte. Der Dirigent Thomas Beecham, der das Chicago Symphony Orchester im Sommer 1940 dirigierte, konnte sich mit solchen Wünschen jedoch nicht durchsetzen. Er meinte, Ravinia wäre `the only railway station with a resident orchestra´ und trat nie wieder dort auf. Die Station Ravinia Park hat übrigens nur Bahnsteige, aber kein Empfangsgebäude. Züge halten hier nur während der Konzertsaison im Sommer.

⊙ **Pullman 111th Street Station**

Pullman 111th Street Station ist ein relativ nüchterner Halt einer Chicagoer Eisenbahnnahverkehrslinie.

Die Station ist nach dem amerikanischen Erfinder George Mortimer Pullman (1831-1897) benannt. Dieser ist unter Eisenbahnern vor allem für den von ihm 1864 erfundenen Schlafwagen bekannt (in Südeuropa werden sogar Fernreisebusse Pullman genannt), dessen Ausstattung von Flussschiffen inspiriert war. Der kommerzielle Durchbruch gelang ihm, als 1865 die Leiche Lincolns von Washington nach Springfield (Illinois) in einem Schlafwagen transportiert wurde. Im Jahre 1880 kaufte Pullman ein 20 km südlich vom Stadtzentrum Chicagos gelegenes 16 km^2 großes Areal, um dort eine Produktionsstätte und eine Werkssiedlung anzulegen.

Der Architekt Spencer Beman soll so stolz auf sein Werk gewesen sein, dass er Pullman fragte, ob die Siedlung nach ihm benannt werden könnte. Darauf antwortete Pullman, *„Sicher, wir nehmen am besten die erste Hälfte meines Nachnamens und die zweite Hälfte von deinem"*. Die Werkssiedlung galt als Musterstadt und wurde als `world's most perfect town' bezeichnet'. Doch Pullman regierte hier autokratisch und kontrollierte sogar, ob die Arbeiter ihre Wohnungen sauber genug hielten.

1893 kam es zu einer Wirtschaftskrise in den USA und die Nachfrage nach Schlafwagen ging zurück. Pullman musste Arbeiter entlassen und Löhne kürzen. Die Mieten in seiner Siedlung wurden jedoch nicht gesenkt. Dies löste einen Streik der Arbeiter aus (*Pullman Strike*). Dieser wurde schließlich mit Hilfe von Bundestruppen niedergeschlagen. Pullman war von nun an bei den Gewerkschaften so unbeliebt, dass, als er 1897 starb, er nachts beerdigt wurde und mehrere Tonnen Zement ins Grab geschüttet wurden um zu verhindern, dass Gewerkschafter aus Wut die Leiche aus dem Grab holten und sie schändeten.

⊙ Springfield Union Station

Springfield, die Hauptstadt des US-Bundesstaates Illinois, war Wahlheimat des in Kentucky geborenen US-Präsidenten Abraham Lincoln. Nach Lincolns Tod wurde sein Leichnam in einem Sonderzug, der in vielen Städten Station machte, nach Springfield gebracht. Die im Jahre 1898 eröffnete Union Station von Springfield sah 1971 den letzten Personenzug und dient heute als *Abraham Lincoln Presidential Library*. Der 1946 abgerissene markante Uhrturm des Bahnhofs wurde 2006 wieder aufgebaut und trägt heute einen Mast auf dem das Sternenbanner weht.

Der unheimliche Bahnhof von Decatur

Decatur ist eine zentral in Illinois gelegene Stadt, die seit 1854 Bahnanschluss hat und in der einst viele Züge, die von Chicago nach St. Louis verkehrten, hielten. Decatur hatte zwei gegenüberliegende Bahnhöfe, die Wabash Station und die Illinois Central Station. Doch nachdem der Personenverkehr immer mehr zurückging, wurde die Illinois Central Station 1951 abgerissen. In der Wabash Station, in welcher sich heute ein Antiquitätengeschäft findet, schien es einst zu spuken. Noch in den 1940er Jahren meinten Bahnbeschäftigte, in der Nachtschicht immer wieder eine junge Frau in Weiß zu sehen, die auf einer Bank saß und so plötzlich wie sie gekommen war wieder verschwand. Diese Frau soll einst mit einem Mann verheiratet gewesen sein, der 1918 in den Krieg ziehen musste. Nach einigen Monaten bekam sie einen Brief, der sie informierte, dass er bald nach Hause käme. Voller Vorfreude ging sie am Tag seiner geplanten Ankunft zum Bahnhof, um auf ihn zu warten. Den ganzen Nachmittag wartete sie und schaute, welche Fahrgäste aus den Zügen stiegen, doch ihr Mann war nicht darunter. Enttäuscht ging sie nach Hause und tröstete sich damit, das Datum sei wohl verwechselt worden. Doch auch am nächsten Tag gab es keine Spur von ihm. Eine Woche lang ging sie jeden Tag zum Bahnhof, doch ohne Erfolg. Dann erhielt sie ein Telegramm aus New York. Darin hieß es, ihr Mann sei in New York bei einem Busunfall gestorben, als er unterwegs zum Bahnhof und damit zu dem Zug war, der ihn nach Hause bringen sollte. Als sie das las, nahm sie vor Kummer eine Überdosis Tabletten und beendete so ihr

Leben. Noch Jahre danach vermeinten Bahnbedienstete die junge Frau in weiß gekleidet wartend im Bahnhof zu sehen. Dieser Spuk ist allerdings seit der Bahnhofsstilllegung verschwunden.

Decatur und der Spuk Nummer zwei

Manche meinen, von Zeit zu Zeit ein geheimnisvolles Licht zu sehen, welches sich die Gütergleise hinter dem Wabash-Bahnhof entlang bewegt. Dazu gibt es folgende Erklärung: Bremser reisten einst in Güterzügen mit und übermittelten mit einer Signallampe dem Lokführer auftretende Probleme. Als einmal ein Güterzug im Bahnhof hielt, stieg der Bremser aus seinem Waggon, um den Zug zu inspizieren. Er schaute gerade in den Spalt zwischen zwei Güterwagen, als sich der Zug plötzlich in Bewegung setzte. Sein Kopf wurde eingeklemmt und abgetrennt, der Bremser so enthauptet und sein Geist geht noch heute mit der Lampe die Schienen entlang. Andere meinen, dass es sich um den Geist des Polizisten Davenport handelt, welcher einst, eine Lampe in der Hand, im Gleisbereich des Bahnhofs zwei Kriminelle stellte. Diese feuerten auf ihn und flohen und Davenport verblutete auf den Schienen.

Deerfield - Küssen verboten

Deerfield ist ein Nahverkehrsbahnhof des Chicagoer Metra-S-Bahnsystems. Im Jahre 1979 geriet Deerfield in die Schlagzeilen, als die örtliche Verwaltung eine *No-Kissing-Zone* am Bahnhof einrichtete. Mit den gestiegenen Benzinpreisen nach der Ölkrise pendelten immer mehr Beschäftigte mit dem Zug zur Arbeit nach Chicago. Meist waren es Männer, die von ihren Frauen mit dem Auto zum Bahnhof gebracht wurden (so genanntes ‚Kiss and ride'). Die Abschiedsküsse hielten jedoch den Verkehr auf, deshalb das Verbot. Die No-Kissing-Schilder des Bahnhofs lösten damals großes Medieninteresse aus.

2.7 Übrige Große Seen-Staaten

Indianapolis Union Station

Anders als in Europa gab es in den USA Ende des 19. Jahrhunderts keine Welle der Verstaatlichung privater Eisenbahngesellschaften. So kam es, dass größere Städte mehrere Bahnhöfe verschiedener Gesellschaften aufwiesen. Für Umsteiger war dies äußerst umständlich und deshalb trachteten die Planer danach, zentral gelegene Union Stations einzurichten, die von allen Bahngesellschaften bedient werden sollten. Nur New York bekam keine Union Station, da die Stadt selbst Endziel vieler Fahrten war, es deshalb wenig Umsteiger gab, die Bahnhöfe per U-Bahn verbunden waren und der Durchgangsverkehr westlich an der Stadt vorbeiführte. Die erste Union Station wurde bereits 1853 in Indianapolis eröffnet.

Cincinnati Union Terminal

Cincinnati liegt am Ohio und nahe am Wasser gelegene Stadtteile waren immer wieder von dessen Fluten bedroht. Als man einen Standort für den Zentralbahnhof suchte, war Hochwassersicherheit ein wichtiger Faktor. Als man zwei Meilen vom Stadtzentrum einen möglichen Standort ausgemacht hatte, schüttete man das Gelände zum Hochwasserschutz noch um 5 Meter auf. Die dazu erforderlichen 500 000 Kubikmeter Boden entnahm man einem nahe gelegenen Hügel, dem *Bald Knob* (Kahler Knopf), dem man heute noch diese Bodenentnahme ansieht. Das im Art Deco-Stil in Halbkugelform erbaute Empfangsgebäude, das Cincinnati Union Terminal, wurde schließlich 1933 eröffnet. Seine Abkürzung ist CUT, was sich als geschnitten lesen lässt und für ihren Bau wurde ja auch ein Hügel angeschnitten. Die Hochwassersicherheit erreicht, was man vom örtlichen Flughafen Lunken allerdings nicht sagen konnte. In der großen Flut von 1937 wurde er überschwemmt und kam zum Spitznamen *Sunken Lunken*. Später wurde er an eine andere Stelle verlegt.

Cincinnati Union Terminal (Bild: Wikipedia)

Union Station Gary, Indiana

Neben Detroit ist Gary (Indiana) der Inbegriff einer im Niedergang begriffenen Stadt des Rust Belts, des amerikanischen Rostgürtels, mit hoher Arbeitslosigkeit, hohen Kriminalitätsraten und verfallender Bausubstanz. Gary wurde 1906 von der *United States Steel Cooperation* gegründet, die hier eine neue Stahlfabrik errichtete und nach deren Vorstandsvorsitzenden Gary benannt. Gary ist noch heute eine wichtige Stahlstadt, aber Rationalisierungen in der Stahlproduktion haben die Entlassung vieler Stahlarbeiter mit sich gebracht. Während die weiße Mittelschicht in die Vorstädte zog, verblieben arbeitslose schwarze Stahlarbeiter in der Stadt, in der heute Afro-Amerikaner 84 Prozent der Bevölkerung stellen. Wie in Detroit ist es auch in Gary um den einstigen Hauptbahnhof der Stadt nicht gut bestellt.

Der Bahnhof wurde kurz nach Gründung der Stadt im damals modernen und von der Weltausstellung in Chicago inspirierten neoklassischen Stil vom Architekten M.A. Lang erbaut. Gleise lagen hier am Südufer des Michigansees unweit von Chicago bereits genug. Weil die Stahlfirma Stahl an die Bauindustrie verkaufen wollte, wurde der Bahnhof trotz seines konservativen Baustils in der damals revolutionären Technik des Stahlbetonbaus errichtet. Diese stabile Bauweise ist wohl auch ein Grund, weshalb das Empfangsgebäude, das schon vor einem halben Jahrhundert leer aufgegeben wurde und das seither durch Vandalismus alle Fenster und Türen verloren hat und im Inneren verwüstet wurde, immer noch steht.

In der US-Fernsehdokumentation *'Life after people‘* wurde die Union Station als Beispiel dafür gezeigt, wie sich Gebäude, welche dem Verfall preisgegeben werden, innerhalb von 30 Jahren entwickeln.

Gary Union Station (Bild: Wikipedia)

⊙ Redwood Falls und der Kaufhausgründer

Redwood Falls ist eine Kleinstadt im Süden Minnesotas, unweit der Wasserfälle des Redwood-Flusses gelegen. In den 1880er Jahren verschlug es Richard W. Sears als Bahnhofsagent nach Redwood Falls. Nach dem Tod seines Vaters hatte Sears als Teenager eine Stelle als Telegraphist bei der *Minnesota and St. Louis Railroad* antreten müssen, um seine Familie zu ernähren. Sein Einkommen als Bahnhofsvorsteher besserte er mit dem Handel von Kohle und Holz auf. Im Jahre 1886 kam eine Ladung Taschenuhren im Bahnhof an. Damals war es üblich, dass Firmen den Einzelhändlern Ware ohne Bestellung schickten und dann meinten, die Rücknahme wäre leider nur mit großen Umständen möglich. Doch der Juwelier von Redwood Falls hatte die Schnauze voll von solchen Praktiken und verweigerte die Annahme der Uhren. Sears witterte eine Chance und fragte den Uhrenhersteller, ob er die Uhren selber verkaufen könnte. Sears gründete die *Richard W. Sears Watch Company*, machte bei anderen Bahnmitarbeitern Werbung für seine Uhren, die man bei ihm per Brief bestellen konnte und hatte überraschend schnell alle Exemplare verkauft und dabei einen ordentlichen Gewinn gemacht. Schließlich stellte Sears den Uhrmacher Alvah C. Roebuck ein, der nicht funktionierende Uhren, welche zurückgeschickt wurden, reparieren sollte. Im Jahre 1887 publizierte Sears seinen ersten Katalog. Darin wurden Uhren und Schmuck angeboten. In späteren Neuauflagen fanden sich bald Fahrräder, Schuhe und Sättel. Und 1894 war der Katalog, die Firma hieß nun *Sears, Roebuck and Co,* bereits 322 Seiten dick. Der Sears&Roebuck-Katalog wurde zur US-Konsumlegende und die Firma bald der größte Einzelhändler der USA. Hauptsitz ist heute Chicago, wo das zeitweise höchste Gebäude der Welt, der Sears Tower, den Namen der Firma, die in einem Bahnhof begann, trug. Seit Juli 2009 heißt das Gebäude Willis Tower.

⊙ Das Eisenbahnunglück von Kipton

Kipton ist ein unweit vom Eriesee gelegenes Dorf im Norden des Bundesstaates Ohio mit etwa 270 Einwohnern. Durch das Dorf führt eine Bahnlinie, die einst der *Lakeshore Railway* gehörte. Im April 1891 kam es im Bahnhof von Kipton zu einem Frontalzusammenstoß eines schnellen Postzuges mit einem Personenzug, welcher 6 Postbeamten und 2 Ingenieuren das Leben kostete und den Bahnhof schwer beschädigte. Als Ursache des Unglücks galt eine Uhr, die 4 Minuten stehen geblieben war und dann weiter lief. Einer falschen Zeit gewahr erreichte der Lokomotivführer des Personenzuges die Ausweichstelle zu spät. Nach dem Unglück stellte die Bahngesellschaft den bekannten Clevelander Juwelier und Uhrmacher Webb C. Ball als Zeitinspektor ein, um Präzisionsstandards und ein System für das Überprüfen der Eisenbahnuhren festzulegen.

Er stellte strenge Richtlinien für die Herstellung bei der Bahn genutzten Uhren auf. Am Ende seiner Karriere war Ball für das System der Bahnuhreninspektion in ganz Nordamerika verantwortlich. Aus seinem Clevelander Juwelierbetrieb entstand die *Ball Watch Company*, die heute ihren Hauptsitz in der Schweiz hat. In den USA sagt man heute noch `on the Ball`, wenn eine genaue Zeit gemeint ist.

Die Midway Station

In St. Paul/Minnesota gibt es den Amtrak-Bahnhof Midway Station (117 000 Fahrgäste im Jahr 2013). Dieser heißt so, weil er im Stadtteil Midway liegt. Der Stadtteil hat wiederum seinen Namen von seiner Lage in der Mitte zwischen den beiden Stadtzentren der Doppelstadt Minneapolis-St.Paul. Noch in einem weiteren Sinne passt der Name. Denn der Bahnhof und der Stadtteil liegen auf dem 45. Breitengrad, also genau in der Mitte zwischen Äquator und Nordpol.

⊙ Das Restaurant im Bahnhof von Topeka

Im Jahr 1876 richtete der Eisenbahnangestellte Fred Harvey im Bahnhof von Topeka (Kansas) ein Restaurant ein. Bereits ein Jahr zuvor hatte er an der *Kansas Pacific Railway* zwei Cafés eingerichtet und erkannt, wie groß im Eisenbahnumfeld der Bedarf nach anständigen gastronomischen Einrichtungen war. Diese waren im rauen Westen der USA damals noch alles andere als selbstverständlich. Die Bahngesellschaften beauftragten Harvey, weitere Gastwirtschaften einzurichten und damit war, 8 Jahrzehnte vor MacDonalds, die erste Restaurantkette weltweit geschaffen. Harvey entwickelte die Systemgastronomie weiter mit normierten Uniformen für die weibliche Bedienung und schuf damit das `Harvey-Girl´. Er bewirtschaftete nach anfänglichem Zögern schließlich auch Eisenbahnspeisewagen und richtete schließlich auch Hotels ein (etliche davon gibt es noch heute, wenn auch unter anderem Namen). Ein Teil von Harveys Erfolgsgeheimnisses waren reichhaltige Speisen zu vernünftigen Preisen. Seine letzten Worte auf dem Sterbebett sollen gewesen sein `*Jungs, schneidet den Schinken nicht zu dünn´*.

St. Louis Union Station

Etliche um die Jahrhundertwende gebaute US-Bahnhöfe nahmen europäische Architekturvorbilder auf. Doch die Union Station in St. Louis übertraf sie alle: ihre Architektur lehnte sich an eine ganze Stadt an: an das zinnenbewehrte südfranzösische Carcassonne. Die Union Station in St. Louis wurde 1894 eröffnet. Architekt war der deutschstämmige Theodore Link. Einst galt sie als verkehrsreichste und größte Bahnstation der Welt (32 Gleise). Noch in den 1940er Jahren zählte der Bahnhof 100 000 Reisende und Besucher pro Tag. 1948 fuhr hier der amerikanische

Präsident Truman nach Washington ab. Ein berühmtes Photo zeigt, wie er dabei eine Zeitung in der Hand hält, die seine Wahlniederlage prognostiziert. Doch Truman gewann die Wahl. In den 50er Jahren ging es mit der Bahn in den USA schließlich rasch bergab und 1978 fuhr der letzte Zug aus diesem Bahnhof ab. Nach einer 150 Millionen Dollar teuren Renovierung wurde 1985 ein Hotel im Bahnhof eröffnet, später kamen ein Einkaufszentrum und Vergnügungseinrichtungen dazu.

Von Amshack zur Gateway Station

Der bescheidene provisorische Amtrak-Bahnhof von St. Louis, der nach der Schließung der Union Station als Zughalt fungierte, wurde von der Bevölkerung als *Amshack* verspottet (Amtrak-Bude). Dieses Provisorium hielt sich 26 Jahre lang, bis Amtrak 2004 in einen weiteren vorübergehenden Standort umzog. Im November 2008 wurde schließlich eine neue intermodale Station, das *St. Louis Gateway Transportation Center* eröffnet, welches Fernbahn, Stadtbahn, Greyhound-Busse und Nahverkehrsbusse verknüpft.

Kansas City Union Station

Die 1914 erbaute Kansas City Union Station wurde in den 1980er Jahren für den Bahnverkehr stillgelegt (heute halten hier allerdings wieder Personenzüge), aber 1996-1999 aufwändig renoviert und dient heute kulturellen Zwecken und als Bahnmuseum. Dies wurde durch eine spezielle Steuer finanziert, die die Bürger von Kansas und Missouri (Kansas City liegt im Bundesstaat Missouri) in einer Abstimmung gut hießen. Die riesige Uhr in der Bahnhofshalle ist übrigens noch heute ein beliebter Treffpunkt in der Stadt (`meet me under the clock´).

Bei der Sanierung wurden jedoch die Spuren einer Schießerei belassen, die den Bahnhof im Jahre 1933 zu zweifelhaftem Ruhm verhalfen. Als die Polizei einen

Verbrecher, der in einer anderen Stadt verhaftet und per Bahn überführt werden sollte, vom Bahnhof zum Polizeiwagen begleitete, eröffneten plötzlich seine Komplizen aus einem Auto das Feuer auf die Polizei. Im Kugelhagel starben 4 Polizisten und der Kriminelle. Die Öffentlichkeit war so geschockt darüber, dass eine relative kleine Polizeiagentur als Folge davon zum FBI ausgebaut wurde.

Kansas City Union Station (Bild: Wikipedia)

⊙ Calmar (Iowa) und Anton Dvorak

Der tschechische Komponist Anton Dvorak (1814-1874) galt als Eisenbahnfan. Oft ging er zum Prager Hauptbahnhof, um die Nummern durchfahrender Lokomotiven zu notieren. Eine Stelle in den USA wurde ihm dadurch schmackhaft gemacht, dass ihm gesagt wurde, er könne ja dann die Lokomotiven des New Yorker Bahnhofs beobachten. 1892 trat er den Posten eines Direktors des National Conservatory of Music in New York an. Doch New York enttäuschte ihn, denn im damaligen Grand Central Depot war das Beobachten von Zügen gar nicht möglich. Immerhin hatte er bei seinen Reisen in das von Tschechen bewohnte Dorf Spillville in Iowa, wo er während seines dreijährigen US-Aufenthaltes seine Sommerurlaube verbrachte, die Gelegenheit, das amerikanische Eisenbahnsystem kennenzulernen. Spillville hatte allerdings keinen Bahnhof, so dass Dvorak und seine Familie im 6 Kilometer entfernten Bahnhof von Calmar in die Kutsche umsteigen mussten. 1895 ging Dvorak nach Prag zurück. Anfang 1904 ging er zum Prager Bahnhof, um Züge zu beobachten. Mit einer Erkältung kam er in seine Wohnung zurück. Kurze Zeit später verstarb der Komponist und Lokomotivfan.

Omaha - die Stadt der schönen Bahnhöfe

Die unscheinbare Prärie-Stadt Omaha kam im Laufe ihrer Geschichte gleich zu mehreren herausragenden Bahnhofsgebäuden. Als die Burlington Station 1898 im Zuge einer Weltausstellung in Omaha 1898 eröffnet wurde, zog ihre Architektur Besucher aus der ganzen Welt an. Eine Kommission aus Deutschland wählte das Empfangsgebäude mit seinem neoklassischem Säulenportikus sogar zum schönsten Bahnhof Amerikas. Ein Umbau in den Jahren 1929-1930 passte das Gebäude an den veränderten Zeitgeschmack an, um mit dem Art Deco-Stil der im Bau befindlichen Union Station konkurrieren zu können. Als man 1985 die 4 Kronleuchter in der Schalterhalle herunternahm, zerbrach einer und musste in Einzelteilen verkauft werden. Nach 2005 wurde das Empfangsgebäude schließlich zu einem Luxus-Apartmenthaus umgebaut und als *The Burlington* vermarktet. Kaufkraft dafür scheint es in Omaha zu geben. In der Stadt lebt u.a. auch der Milliardär Warren Buffet, auch *Orakel von Omaha* genannt.

Omaha – Union Station

Die Union Station von Omaha (Nebraska) wird zu den schönsten Bauwerken des Art Deco Stils im Mittelwesten der USA gezählt. Das 1931 fertig gestellte Empfangsgebäude ist mit cremefarbigen Terracotta-Bausteinen verkleidet. Der Architekt Gilbert Stanley Underwood beabsichtigte, mit dem Baustil die Kraft und Maskulinität der Eisenbahn widerzuspiegeln. Doch 1971 wurde der Personenverkehr im Bahnhof eingestellt und heute befindet sich darin ein Museum. Über einem Eingangsportal ist ein Zitat Abraham Lincolns aus dem Jahr 1832 eingraviert: *No other improvement can equal in utility the railroad* (keine andere Erfindung ist so nützlich wie die Eisenbahn).

☞ Die Architekturqualität der Bahnhöfe von Omaha wird auch im Nachbarstaat Wyoming anerkannt. Nach Renovierung und Umbau des Bahnhofs von Cheyenne zum Eisenbahnmuseum, nennt sich dieser `The most beautiful railroad station between Omaha and Sacramento`.

Omaha Union Station Bahnhofshalle im Art Deco Stil
(Bild: Wikipedia)

⊙ Walt Disney und Marceline

Walt Disney (1901-1966) wurde in Chicago geboren. Im Alter von 4 Jahren zog seine Familie auf eine Farm in der Kleinstadt Marceline in Missouri. Dort entwickelte Disney seine Liebe für das Zeichnen. Auch sein Faible für die Eisenbahn stammt aus seiner Zeit in Marceline. Der Ort liegt nämlich an der wichtigen Eisenbahnlinie Kansas City-Chicago und Disney jobbte auch zeitweise bei der Bahn.

Über Marceline sagte Disney später „*To tell the truth more things of importance happened to me in Marceline than have happened since or are likely to happen in the future*".

Als Walt Disney mit seinem Zeichenstudio in Hollywood etabliert war, baute er auf seinem Anwesen eine große Gartenbahn auf. Seine Schwäche für die Bahn zeigte sich später auch in der Gestaltung von Disneyland in Kalifornien. 1959 wurde dort zum ersten Mal das in Deutschland von Alf Wenner Gren entwickelte ALWEG-Monorailsystem eingesetzt und damit das Zeitalter der modernen Schwebebahnen eingeläutet. Zudem gibt es in den Disneylands/-worlds klassische Bahnhöfe mit Dampfeisenbahnen, die Besucher befördern. Die amerikanische Kleinstadt aus dem 19. Jahrhundert, die in den Parks nachgebildet wird, ähnelt dabei in vielen Elementen dem Ort Marceline, in welchem Disney seine Kindheit verbrachte.

Hanlontown und die Sonnenstrahlen

Hanlontown ist ein sehr kleiner Ort (im Jahre 2000 wurden nur 229 Einwohner gezählt) im Norden des flachen Präriestaates Iowa. In einem solchen Ort ohne viel Geschichte, Architektur oder spektakuläre Landschaft ist es nicht leicht, etwas Besonderes, ein Alleinstellungsmerkmal zu finden, um auf sich aufmerksam zu machen und Touristen und Besucher anzuziehen. Zuerst versuchte es Hanlontown mit `Schweinetagen´, denn immerhin werden hier Schweine gezüchtet. Doch der Erfolg hielt sich in

Grenzen, denn Schweinetage gibt es viele im Mittleren Westen und in Des Moines, der Hauptstadt von Iowa, gibt es sogar eine Weltschweineschau. Außer einem Wasserturm und ein paar Getreidesilos gab es architektonisch nichts Bemerkenswertes in dem kleinen Ort. Auch der Bahnhof war längst stillgelegt. Aber die schnurgeraden Gleise, die Iowa mit Minneapolis verbinden, verliefen weiterhin durch den Ort. Und schließlich fand man etwas Besonderes, was viele Bewohner schon lange beobachtet hatten, ohne es weiter zu beachten: zur Sonnwende am 21. Juni geht die Sonne genau zwischen den Schienen unter (diese sind wie die Erdachse um 23 Grad von der Nord-Südachse geneigt). So kreierte man in Hanlontown das Sonnenuntergangsfest und jedes Jahr sieht ein Großteil der Bevölkerung des Ortes plus ein paar Besucher auf Klappstühlen zu, wie die Sonne genau zwischen den Gleisen untergeht und diese dabei zum Leuchten bringt.

Britt und die Hobos

Auch die ebenfalls im Norden Iowas gelegene kleine Stadt Britt (2000 Einwohner), die ihre Existenz dem Bau einer Bahnlinie verdankt und deren Bahnhof lange Lebensnerv des Ortes war, hat sich etwas einfallen lassen, um etwas Besonderes zu sein. Die örtliche Handelskammer organisiert jedes Jahr im August die *National Hobo Convention*. Und dies schon seit dem Jahr 1900. Die National Hobo Convention ist das größte Zusammentreffen von Tramps und Hobos, Leuten, die schwarz auf Eisenbahngüterzügen mitfahren. In Britt gibt es sogar ein Hobo-Museum. Ob die gut organisierte Veranstaltung das Aussteigertum und den Freiheitsdrang der frühen Hobos widerspiegelt, sei allerdings dahingestellt.

Die North Platte Canteen

North Platte ist eine am North Platte River gelegene Eisenbahnerstadt in Nebraska, die von der *Union Pacific Railroad* bedient wird. Damit verläuft durch die Kleinstadt eine wichtige Ost-West-Eisenbahnverbindung der USA, welche im Zweiten Weltkrieg viel Personenverkehr aufwies. Zwischen Dezember 1941 und April 1946 reisten mehr als 6 Millionen US-Soldaten durch den Ort (von der Ost- an die Westküste und damit zum Einsatz an die Pazifikfront und umgekehrt). Damals waren Züge noch mit Dampflokomotiven bespannt und in North Platte mussten sie eine zehnminütige Pause einlegen, um Wasser aufzunehmen und die Räder zu schmieren. Dieser kurze Aufenthalt im Bahnhof von North Platte sollte dem Mittelwesten Gelegenheit geben, seine Gastfreundschaft zu zeigen. Rae Wilson, eine junge Frau, schrieb an die örtliche Zeitung und schlug vor, für die durchreisenden Soldaten im Bahnhof eine Art Kantine einzurichten. Sie kontaktierte Freunde und Geschäftsleute und am 22. Dezember 1941 wurde ein Kantinen-Komitee eingerichtet. Bereits am 25. Dezember, dem ersten Weihnachtsfeiertag, konnte es losgehen. Junge Frauen reichten den 3000-5000 Soldaten, die täglich durch North Platte reisten, Snacks, die Freiwillige aus North Platte und Umgebung zubereitet hatten, sowie kleine Geschenke.

Schließlich bekamen sie von der Bahngesellschaft sogar die Erlaubnis, den ehemaligen Speisesaal des Bahnhofs für die `Kantine´ zu nutzen. Im April 1946 wurde die *North Platte Canteen* geschlossen, aber viele Soldaten erinnerten sich noch lange an diesen Lichtblick. Mit dem Rückgang des Eisenbahnpersonenverkehrs wurde der Union Pacific Bahnhof im Jahr 1973 abgerissen. Eine Gedenktafel, die auf Ziegeln des abgerissenen Empfangsgebäudes ruht, erinnert heute jedoch an der Stelle, wo einst das Bahnhofsgebäude stand, an die einstige *North Platte Canteen*.

Das wirtschaftliche Barometer Amerikas

North Platte hat eisenbahnmäßig noch eine weitere Besonderheit vorzuweisen. Hier befindet sich der Bailey Yard der *Union Pacific*-Eisenbahngesellschaft. Dieser gilt als der größte Rangierbahnhof der Welt. Auf einer Fläche von 11 km² beträgt die Gleislänge mehr als 500 km. 2600 Menschen sind im Rangierbahnhof beschäftigt. 135 Züge und mehr als 10 000 Waggons werden hier jeden Tag rangiert. Hier spiegelt sich, was Amerika importiert, exportiert und konsumiert. Kein Wunder, dass Bailey Yard als das *wirtschaftliche Barometer Amerikas* gilt.

Newton und Shakespeare

In der in den 1870ern gegründeten Stadt Newton in Kansas (17 000 Einwohner) wird an gleich zwei Engländer erinnert. Zum einen durch den Namen der Stadt an den Naturwissenschaftler Isaac Newton. Zum anderen durch die Architektur des dreigiebligen, 1930 erbauten Bahnhofs der Stadt, welcher das Wohnhaus von Shakespeare in Stratford-upon-Avon zum Vorbild hatte. Diese Zivilisiertheit steht im Gegensatz zum einstigen Ruf der Stadt. Nachdem bei einer Schießerei im Jahr 1871 in Newton 8 Männer getötet wurden, galt die Stadt als blutig und gesetzlos und als die verruchteste im Westen. Als die Santa Fe Railway in diesem zentral gelegenen Ort eine Betriebsstelle einrichtete, wuchs die Stadt jedoch rasch und konsolidierte sich, auch was die Sicherheit betrifft.

Hope und Bill Clinton

Eigentlich eher dem Süden zuzuordnen ist die Kleinstadt Hope in Arkansas. Hier wurde Bill Clinton geboren, 1993-2001 US-Präsident. Im 1917 eröffneten Bahnhof des Ortes wurde deswegen 1995 ein Besucherzentrum eingerichtet, das auch ein kleines Clinton-Museum einschliesst.

2.9 Die Südstaaten

⊙ Nashville Union Station und Al Capone

Die in neoromanisch-gotischem Stil gehaltene, im Jahr 1900 eröffnete Union Station von Nashville/Tennessee gehört mit ihrem hohen Uhrturm zu den markantesten US-Bahnhofsgebäuden. Seit 1986 beherbergt das ehemalige Empfangsgebäude ein Hotel. Im Jahre 1932 hatte der Bahnhof einen prominenten Fahrgast. Der in Chicago mit illegalem Alkoholhandel (es herrschte Prohibition) reich gewordene Gangster Al Capone (1899-1947) wurde in Handschellen durch die Station geführt, er war auf dem Weg nach Alcatraz, wo er ab 1932 einsaß.

⊙ Der Bahnhof von Tutwiler und der Blues

Der farbige Amerikaner W.C. (William Christoper) Handy (1873-1958) wird auch als `Vater des Blues´ bezeichnet. Handy war Sohn freigelassener Sklaven. Seine gläubigen Eltern meldeten ihn zum Orgelunterricht an, doch Handy spielte lieber Gitarre und leitete ab 1903 in Clarksdale (Mississippi) eine schwarze Band. Im Jahr 1903 wartete Handy im unweit von Clarksdale gelegenen Tutwiler auf einen Zug, der mehrere Stunden Verspätung hatte. Er versuchte auf einer Bank am Bahnsteig zu schlafen, als er durch einen unbekannten schwarzen Sänger geweckt wurde, der die Zeile `Going *where the Southern cross´ the Dog´* (Southern und Yazoo Delta Railroad, Spitzname `The Yellow Dog´, sind zwei Bahnlinien in der Region) wiederholte. Dazu entlockte er seiner Gitarre merkwürdige Töne, indem er ein Messer auf die Saiten presste. Der Bahnhof von Tutwiler gilt somit als Ort, wo Handy zum ersten Mal den Blues hörte. 1906 zog Handy nach Memphis und entwickelte dort den Stil weiter. Das Empfangsgebäude von Tutwiler gibt es heute nicht mehr. Am Gleis finden sich jedoch Güterschuppen, die mit Wandgemälden versehen sind, die an die denkwürdige Begegnung im Jahr 1903 und die Entstehung des Blues im Bahnhof von Tutwiler erinnern.

☉ Muddy Waters und die Blues Station

Ein weiterer wichtiger Bahnhof für die Geschichte des Blues ist Clarksdale, gut 100 Kilometer südlich von Memphis gelegen. Clarksdale vermarktet sich als *Birthplace* und *World capital of the Blues*. Aus Stadt und Umgebung kamen Musiker wie Muddy Waters, Sam Cooke und John Lee Hooker. Clarksdale war aber auch eine wichtige Station der Illinois Central Railway, die schnurgerade nach Norden und damit nach Chicago führte. Als man 1946 Baumwollpflückmaschinen einführte, wurden viele schwarze Baumwollpflücker arbeitslos und die Bahn sog wie ein Staubsauger schwarze Landbevölkerung nach Chicago ab. Aber auch Bluesmusiker gingen diesen Weg. Manche stiegen bereits in Memphis aus, doch der Bluesmusiker Muddy Waters sollte sich von diesem Bahnhof 1943 bis nach Chicago aufmachen.

☞ Heute bilden der ehemalige Bahnhof von Clarksdale, in welchem sich ein Bistro befindet, ein zum *Delta Blues Museum* umgebauter Güterschuppen (die Region um Clarksdale wird auch *Delta* genannt, obwohl sie mehrere hundert Kilometer vom Mississippi-Delta entfernt liegt) und die Greyhound Bus Station die *Blues Alley* in Clarkdales historischem Blues-Bezirk.

☉ Johnny Cash und die Amqui Station

Der amerikanische Country-Sänger Johnny Cash (1932-2003) galt als Eisenbahnfan. 1979 erwarb er den stillgelegten Bahnhof von Amqui, einem Ortsteil der bei Nashville gelegenen Gemeinde Madison. Er ließ das Leichtbau-Bahnhofsgebäude per Tieflader auf sein Anwesen im Nashville-Vorort Hendersonville bringen, restaurierte es und stellte dort seine Sammlung von Eisenbahn-Andenken aus. Daraus entwickelte sich ein Mini-Museum. Nach Cash´s Tod im Jahre 2003 erwarb eine Stiftung das Gebäude und schenkte es der Gemeinde Madison. Diese ließ es 2006 wieder an seinen angestammten Platz bringen und im Jahr 2008 begannen die Restaurierungsarbeiten. Der Bahnhof, an dem keine Personenzüge mehr halten, soll zu einem Besucherzentrum ausgebaut werden, das über die Geschichte der Eisenbahn in Madison informieren soll.

Chattanooga Choo Choo

Im Jahre 1941 gelangte der Big Band Swing Song *Chattanooga Choo Choo* des Kinofilms *Sun Valley Serenade*, in welchem Glen Miller und sein Orchester mitspielten, auf Platz 1 der US-Verkaufszahlen. Die kommerzielle Version des Liedes wurde als erste in den USA mit einer goldenen Schallplatte ausgezeichnet (Verkaufszahl von über 1 Million). Die Melodie des Liedes wurde mehrfach auch für deutsche Songs verwendet, zum Beispiel im Jahre 1983 für Lindenbergs `Sonderzug nach Pankow´.

Mit *Chattanooga Choo Choo* war ein Dampfzug gemeint, der Richtung Südstaaten fährt. Die in Tennessee gelegene Stadt Chattanooga war damals ein wichtiger Eisenbahnverkehrsknoten. Viele Züge in Richtung Süden des Landes passierten den Ort. Doch bereits in den frühen 1970er Jahren hielt der letzte Personenzug in Chattanooga und es gab Pläne, den Bahnhof der Stadt abzureißen. Doch schließlich entschied man sich, die durch den Song verliehene Berühmtheit zu nutzen und aus den Bahnanlagen eine Touristenattraktion zu machen. Diese zählt heute zu den populärsten in Tennessee. Das Empfangsgebäude wurde zu einem Holiday Inn-Hotel umgebaut und man kann heute sogar in zu Hotelzimmern umgebauten Eisenbahnwagen übernachten. Auch die Modellbahnvereinigung

Amerikas hat ihren Hauptsitz auf dem Bahnareal und dort die größte HO-Modellbahnanlage der USA eingerichtet.

Richmond Broad Street Station

Die Architektur der Broad Street Station in Richmond (Virginia) erinnert an das Pantheon in Rom und auch an das Jefferson Memorial in Washington. Kein Wunder, das Pantheon war Vorbild und der Architekt Pope entwarf auch das 1943 eingeweihte Jefferson Memorial in Washington. In Richmond steht mit der *Main Street Station* ein weiterer architektonisch interessanter Bahnhof.

☉ Biltmore Station und der Milliardär

Im 19. Jahrhundert hatte der Amerikaner Cornelius Vanderbilt mit Dampfschiffen und Eisenbahnen den Grundstein für das Vermögen der Milliardärsfamilie Vanderbilt gelegt. Sein Enkel George W. Vanderbilt II (1862-1914) war eher Schöngeist als Unternehmer, die Führung der Vanderbilt-Firmen überließ er seinen Brüdern. Im Jahr 1888 besuchte er mit seiner Mutter eine Gegend im Westen von North Carolina. Ihm gefiel es dort so gut, dass er beschloss, bei der Stadt Asheville ein Anwesen errichten zu lassen.

Geld genug scheint er gehabt zu haben, denn das *Biltmore House*, das er zwischen 1888 und 1895 dort nach dem Vorbild eines Loire-Schlosses bauen ließ, ist noch heute das größte Privathaus der USA. Es hat 250 Zimmer mit einer Gesamtwohnfläche von 16300 m^2.Heute ist Biltmore eine Touristenattraktion mit mehr als einer Million Besuchern pro Jahr. Für die vielen Bediensteten ließ Vanderbilt gegenüber dem Schloss eine eigene Kleinstadt errichten, für die er den kleinen Ort Best aufkaufte (heute heißt der Ort Biltmore Village und gehört zur Stadt Asheville). Best hatte bereits seit 1880 einen eigenen Bahnhof, doch als Vanderbilt den Ort übernahm, ließ er den Bahnhof abreißen und durch den Architekten Richard Morris Hunt eine neue, repräsentativere Station errichten, die verglichen mit dem Biltmore-Schloss allerdings immer noch bescheiden wirkt.

Hier kamen die wichtigen Besucher an, darunter US-Präsidenten, die Vanderbilt auf sein Anwesen einlud.

Bis 1975 war der Biltmore Bahnhof als *Southern Railway Passenger Depot* in Betrieb. Heute ist im Empfangsgebäude ein Restaurant untergebracht.

New Orleans und die getrennten Räume

Das 1954 erbaute New Orleans Passenger Terminal galt bei seiner Eröffnung als ultramodern. Ein rückschrittliches Element hatte der Bahnhof trotzdem: getrennte Warteräume für weiße und ʼfarbigeʼ Fahrgäste. Diese Trennung war in den Südstaaten, sogenannten *Jim Crow laws* folgend, die Rassentrennung vorschrieben, noch in den 1950er Jahren verbreitet. Im Jahr 2005 verschonte Hurrikan Katrina den Bahnhof weitgehend, er musste so zeitweise als Ersatzgefängnis herhalten.

☞ Eine Besonderheit dieses Bahnhofs: der Gleisschotter besteht aus Schalen von Meeresmuscheln.

Der Bahnhof von Texarkana

Texarkana ist eine Stadt, die genau auf der Grenze der Bundesstaaten Texas und Arkansas liegt. So gibt es ein Texarkana, Arkansas und ein Texarkana, Texas. Das Empfangsgebäude des Bahnhofs liegt auf dem Gebiet des Bundesstaates Arkansas. Wenn ein *Texas Eagle* Zug südwärts fahrend im Bahnhof hält finden sich die vorderen Waggons in Texas, die hinteren in Arkansas.

Der schöne Bahnhof von Greensboro

Der 1927 erbaute Bahnhof von Greensboro in North Carolina gehört mit seinem neoklassischen Säulenvorbau zu den schönsten im Süden der USA. Er ist auch ein Beispiel, wie es gelingen kann, die Bahn ins Stadtzentrum zurück zu bringen. 1979 schenkte die Southern Railway, die am Personenverkehr kein Interesse hatte, das Gebäude der Stadt. Seither mussten Fahrgäste in einem Güterbahnhof am Stadtrand auf die Züge warten. Doch Stadt und Bundesstaat renovierten später den Bahnhof und 2005 gelang es, diesen wieder zu einem regulären Amtrak-Halt zu machen.

⊙ Key Wests Bahn über das Wasser

Anfang des 20. Jahrhunderts gab es in den Vereinigten Staaten Pläne einer Mexiko umgehenden schnellen Verkehrsverbindung zum Panamakanal. Dies sollte durch Eisenbahnstrecken durch Zentralamerika, Kuba und Florida mit möglichst kurzen Seeverbindungen erreicht werden. In den USA galt es dabei, eine Bahnlinie bis zum südlichsten Punkt, den Key West Inseln in Florida, zu bauen, von denen es nicht mehr weit nach Kuba war. Vom Industriellen H.M. Flagler finanziert wurde mit dem Bau der Linie Miami (Homestead)- Key West im Jahre 1905 begonnen. 1912 wurde die Linie fertig gestellt, die die Key West-Inselkette mit zahlreichen Brücken verband und überquerte. Key West hatte damit also einen Endbahnhof, wurde zum wichtigsten Umschlagshafen südlich von Richmond in Virginia und hatte den Beinamen „Gibraltar Amerikas".

Ein Jahr später starb Flagler und musste damit nicht erleben, was zwei Jahrzehnte später mit seiner Bahn geschehen sollte. Am 2. September 1935 kam es nämlich zu einem Orkan, mit Windgeschwindigkeiten von bis zu 200 km/h. Die Strecke wurde auf einer Länge von 60 km zerstört, auf einem Abschnitt von 10 km wurden alle Spuren der Bahnlinie vom Sturm ausradiert. Ein 3 km langer Streckenabschnitt wurde vom Wind sogar 30 km entfernt an den Strand verfrachtet. Die Bahnlinie wurde nie mehr aufgebaut, auf einem Teil von dem, was von ihr übrig blieb, wurde ein Highway errichtet. Ein Teil des zerstörten Holzbahnhofes Key West Terminus wurde jedoch später wieder aufgebaut und dient heute als `Flagler Station Oversea Railway Historeum´`-Museum.

⊙ Warm Springs und Franklin D. Roosevelt

Franklin Delano Roosevelt, von 1933-1945 US-Präsident, erkrankte 1921 an Kinderlähmung (Poliomyelitis). Linderung für seine Leiden suchte er unter anderem in den warmen Mineralquellen von Warm Springs in Georgia, wohin er mit dem Zug aus Washington reiste. Er war so oft dort, dass er für sich in Warm Springs ein weißes Holzhaus bauen ließ, das bald in Anspielung an Washington the *Little White House* genannt wurde. Hier starb Roosevelt im April 1945, kurz vor Kriegsende und der schwarz dekorierte Trauerzug nach Washington trat seine Reise im kleinen Bahnhof von Warm Springs an, der an diesem Tag von Trauernden und Schaulustigen überquoll.

Louisville Union Station

Eine Liste der sehenswerten Bahnhofsgebäude in den Südstaaten ist ohne die 1891 eröffnete Louisville Union Station mit ihren Glasmosaikfenstern nicht vollständig. Diese galt einst als größter Bahnhof im Süden der USA.

Birminghams exotischer Bahnhof

Als herber Verlust wertvoller Bahnhofsarchitektur gilt manchem der Abriss des alten Bahnhofs von Birmingham, der Stahlstadt Alabamas. Der Bahnhof wurde 1909 in seltsamem byzantinisch-türkischem Stil errichtet und ähnelte in seiner Kubatur mit der runden Kuppel mit jeweils einem 40 m hohen Turm an der Seite an eine Kreuzung von einer Basilika mit einer Moschee. Wie im `tiefen Süden´ üblich hatte er getrennte Wartesäle für `Weiße´ und für `Farbige´ (Colored). 1969 wurde der Bahnhof abgerissen, um einem kleineren, aber moderneren Komplex mit Büros und einem Hotel Platz zu machen. Doch der Neubau wurde nie verwirklicht und das frei gewordene Gelände wurde für den Bau einer Schnellstrasse genutzt. Der originelle, aber nicht unbedingt zur Südstaatenarchitektur passende Bahnhof wurde so durch ein städtebauliches Nichts ersetzt.

Last train to Clarksville

Die *Monkees* waren ein amerikanisches Popquartett, welches 1966 für die Fernsehserie ‚The Monkees‘ zusammengestellt wurde. Die Debut-Single der Monkees im Jahre 1966 war ʻLast Train to Clarksvilleʼ. Die erste Strophe ging so:

> *Take the last train to Clarksville,*
> *And I'll meet you at the station.*
> *You can be there by four thirty,*
> *cause I made your reservation.*

die letzte Strophe war:

> *Take the last train to Clarksville,*
> *Now I must hang up the phone.*
> *I can't hear you in this noisy*
> *Railroad station all alone.*
> *And I don't know if I'm ever coming home.*

Seither fragen sich Musikfans, welches Clarksville wohl gemeint war, da es in den USA mehrere Städte mit diesem Namen gibt. Es wird spekuliert, dass der Bahnhof von Clarksville/Tennessee den Song inspirierte. Doch der Liedtexter Bobby Hart meinte, er hätte erst an Clarksdale in Arizona gedacht, wo er oft den Sommerurlaub verbracht hatte, aber dann gefunden, Clarksville klänge im Song besser. Später hätten sie herausgefunden, dass es bei Clarksville/Tennessee einen Luftwaffenstützpunkt gibt, was zur Story des Liedtextes passte, aber ein Anti-Kriegs-Song (es war die Zeit des Vietnamkrieges) wäre nicht beabsichtigt gewesen.

Matewan und die Bergleute

Matewan ist ein kleiner Bergbauort (500 Einwohner) in West Virginia, die zwischen 1878 und 1891 Schauplatz einer blutigen Fehde zwischen der Hatfield-Familie und dem McCoy-Clan war, welche nationale Schlagzeilen machte und bei der über ein Dutzend Menschen starben.

1920 kam es wieder zu einer blutigen Auseinandersetzung, dem *Battle of Matewan*. Dieser Schießerei gingen Bemühungen der örtlichen Bergleute voraus, eine Gewerkschaft zu gründen. Dies behagte dem örtlichen Bergwerksunternehmen nicht und so heuerte dies das Baldwin Felts-Detektivbüro an, um die Bergleute aus ihren Werkswohnungen hinauszuschmeißen. Dem örtlichen Polizeichef gefiel dieses Vorgehen nicht und er erließ einen Haftbefehl gegen die mit dem Zug ankommenden Detektive. Am Bahnhof von Matewan kommt es dann am 19. Mai 1920 zum Aufeinandertreffen des von Bergleuten begleiteten Polizeichefs Sid Hatfield und den Detektiven, die ihrerseits einen Befehl vorlegten, den Polizeichef zu verhaften. Schließlich zog man den Bürgermeister herbei, welcher jedoch feststellte, dass der Haftbefehl der Detektive eine Fälschung war. Plötzlich kam es zu einem Schuss, wobei nie geklärt wurde, wer ihn abgegeben hatte. In der folgenden Schießerei kamen 7 Detektive, 2 Bergleute und der Bürgermeister Testerman ums Leben. Ein Jahr später rächten sich die überlebenden Detektive, indem sie Polizeichef Sid Hatfield erschossen. In Matewan ist im Bahnhof ein Museum untergebracht, das über die Fehde, die Matewan-Schießerei und die große Flut informiert, die zum Bau einer Flutschutzmauer um die Stadt geführt hat, welche mit Motiven der bewegten Stadtgeschichte verziert ist.

☞ 1987 wurde die Schießerei verfilmt. Der Film mit dem Titel *Matewan* wurde jedoch in Thurmond gedreht, einer Kleinstadt in West Virginia, die noch besser als Matewan eine 1920er Atmosphäre bewahrt hat.

2.10 Texas

Texas Crush Station

In den 1890er Jahren war die *Missouri, Kansas & Texas Railroad* dabei, ältere Lokomotiven durch neuere, leistungsfähige Modelle zu ersetzen. Für mehr als 50 alte Lokomotiven hatte man nun keine Verwendung mehr. Das brachte den Bahnmitarbeiter William G. Crush auf die Idee, zwei der obsoleten Lokomotiven auf die Gleise zu setzen und aufeinander rasen zu lassen, um sie so loszuwerden. Etwas Ähnliches hatte man Monate zuvor bei Cleveland veranstaltet.

In der Nähe von Waco in Texas wurden nun 4 Meilen Gleise verlegt und 3 Lokomotiven für den Crash bereitgestellt. Die Werbetrommel wurde gerührt und mehr als 20 000 Zuschauer wurden erwartet. Deshalb wurde ein spezieller Bahnhof angelegt, *Crush/Texas*. Am 15 September 1896 sollte es losgehen. 40 000 Schaulustige trafen ein und Crush wurde kurzzeitig zum zweitgrößten Ort von Texas. Um fünf Uhr nachmittags wurden die Lokomotiven für ein Photoshooting am Kollisionspunkt gegenübergestellt und dann langsam in zwei verschiedene Richtungen gezogen. Schließlich wurden die Lokomotiven in Betrieb gesetzt, die Lokomotivführer sprangen ab und die Loks rasten mit jeweils 5 Waggons im Schlepptau und 70 km/h aufeinander zu. Obwohl man die Sicherheit vorher getestet hatte, kam es zu einem unerwarteten Ereignis: die Dampfkessel der beiden Lokomotiven explodierten, Metallteile flogen durch die Luft. 3 Zuschauer wurden getötet, sechs schwer verletzt. Der offizielle Photograph verlor ein Auge und Crush seinen Job. Allerdings wurde er am nächsten Tag schon wieder eingestellt. Heute weist eine Gedenktafel auf das Ereignis hin, aber Spuren des Crush-Bahnhofs gibt es keine mehr.

⊙ **Dallas Union Station und die Ermordung Kennedys**

Die elegante, in neoklassischer Architektur gehaltene Union Station in Dallas, eines der schönsten Empfangsgebäude Nordamerikas (und damit Gegensatz zur als `Amshack´ verspotteten Bahnhofs-Bude Houstons), wurde 1916 erbaut und ersetzte 5 Bahnhöfe im Großraum Dallas. Der Bahnhof hat 9 Bahnsteige und sah vor dem 2. Weltkrieg etwa 100 Personenzüge pro Tag, eine Zahl die in den 1950er Jahren rasch zurückging. Nördlich und südlich des Empfangsgebäudes gab es zwei Stellwerkstürme, in denen der Verkehr geregelt wurde. Am 22. November 1963 erreichte die Wagenkolonne John F. Kennedys den unweit eines der Stellwerkstürme gelegenen Attentatsort *Dealey Plaza*, benannt nach dem Herausgeber der *Dallas Morning News*, der sich für den Bau des Bahnhofs stark gemacht hatte. Nach dem Attentat wurden auch die Bahnbediensteten im Plaza-nahen Stellwerksturm von der Polizei verhört.

Galveston und die Flut

Im Jahre 1900 wurde die auf einer Insel gelegene texanische Küstenstadt Galveston in Folge eines Hurrikans komplett überflutet. 8000 Menschen starben, die größte Naturkatastrophe in der Geschichte der USA. Damals starben auch 85 Fahrgäste, deren Zug von Houston kommend auf einer Fähre nach Galveston unterwegs war.
Auch der 1887 eröffnete Bahnhof, dessen roter Ziegelbau als Stolz Galvestons galt, wurde überflutet.
Als Folge der Katastrophe wurde die Geländehöhe der nur 2.7 m über dem Meeresspiegel gelegenen Stadt um über 5 m erhöht und ein Schutzwall gebaut. 1932 wurde ein neuer Bahnhof im Art Deco-Stil eröffnet. Doch bereits 1967 fuhren hier die letzten Personenzüge ab. Heute erinnern leicht gespenstisch anmutende Gipsfiguren im ehemaligen Wartesaal an die Zeit des Eisenbahnpersonenverkehrs in Galveston.

⊙ Lubbock und Buddy Holly

Lubbock ist eine isoliert im Westen von Texas gelegene Stadt. Zu den übrigen Ballungszentren der USA ist es weit. Kein Wunder, dass der berühmteste Sohn der Stadt, der Rock'n'Roll-Musiker Buddy Holly (1936-1959), deshalb eher mit dem Flugzeug unterwegs war, weshalb es auch keine richtige Bahnhofsanekdote zu Buddy Holly gibt. Das Fliegen war in den Fünfzigerjahren allerdings noch nicht besonders sicher. Am 3. Februar 1959 stürzte das Kleinflugzeug, mit dem Buddy Holly und zwei andere Musiker zu einem Auftritt unterwegs waren, bei Mason City in Iowa ab. Dieses Unglück, bei dem alle Insassen starben, ging als "*The Day the Music Died*" in die Musikgeschichte ein.

In Lubbock wurde der in den 1930ern erbaute und Anfang der 1950er stillgelegte Bahnhof, der zwischenzeitlich als Lagerhaus und Restaurant gedient hatte, vor wenigen Jahren von der Stadt gekauft und darin ein Buddy Holly Center eingerichtet. So entstand also doch noch eine Verbindung zwischen Buddy Holly und dem örtlichen Bahnhof.

⊙ El Paso und Pancho Vila

Das El Paso Union Depot wurde 1905-1906 von Daniel Burnham, dem Architekten der Union Station von Washington, im Classical Revival-Stil erbaut. Zum Gebäude gehört ein Turm mit spitzem Dach, welcher an einen Kirchturm erinnert. Als der mexikanische Volksheld Pancho Vila (1877-1923) nach einem Ausbruch aus einem Gefängnis in Mexiko-Stadt (er hatte die Eisenstäbe des Fensters durchgesägt, während auf der Straße laut ein Volkslied gesungen wurde) vor der mexikanischen Regierungstruppen nach Texas floh, kam er 1913 in einer billigen Absteige in El Paso unter. Vila soll während seiner Zeit in Texas den Bahnhofsturm als Ausguck genutzt haben, um einen Angriff auf die benachbarte mexikanische Stadt Juarez vorzubereiten.

Heute wird der Bahnhof nur wenig genutzt. 2 Züge halten hier pro Tag, im Durchschnitt steigen nur 26 Fahrgäste ein.

⊙ Newman und die Revolutionäre

Unweit von El Paso liegt Newman. Hier wurden im Jahr 1915 die mexikanischen Revolutionäre Victoriano Huerta und Pascual Orozco festgenommen. Huerta war in New York in einen Zug eingestiegen und hatte behauptet, nach San Francisco reisen zu wollen. In Wirklichkeit plante er jedoch, unweit der mexikanischen Grenze in Newman (der Ort liegt in Texas, der Bahnhof in New Mexico) auszusteigen und dort Orozco, der Waffen bei sich hatte, zu treffen. Beide planten, nach Mexiko weiterzureisen und den Präsidenten zu stürzen. Doch die Amerikaner hatten von der Operation Wind bekommen und die Pläne wurden vereitelt.

Kirby und die Hobos

Die Kleinstadt Kirby wird auch *Hobo-Hauptstadt von Texas* genannt. Dazu hat der Rangierbahnhof der Southern Pacific Railroad beigetragen, welcher in der Stadt liegt. Zudem gibt es eine Eisenbahnbrücke, welche Schutz vor Regen bietet.

San Antonios alter Bahnhof

Der Architekt Harvey L. Page nannte das von ihm entworfene, 1908 erbaute *International and Great Northern Depot* von San Antonio `mein Tadj Mahal´. Die Architektur des Bahnhofs war stark von in San Antonio vorhandenen Beispielen des spanischen Missionsstils beeinflusst. Doch ein Stilelement passte nicht dazu. Statt einem Kreuz oder einem Engel wie auf einem kirchlichen Gebäude ist die Spitze der Kuppel von einem Indianer gekrönt, der einen Pfeil Richtung Nordosten abschießt. Heute sitzt im ehemaligen Bahnhofsgebäude eine Bank und aus den Fahrkartenschaltern sind Bankschalter geworden. Die Bank, die den Bahnhof renovierte, hatte das Recht, ihr Logo in das große Rosettenfenster in der Stirnfront zu setzten, entschied sich dann aber, lieber das alte *International and Great Northern*-Logo zu restaurieren.

Fort Worth TP Station

Die *Texas and Pacific Railroad Passenger Station* von Fort Worth ist ein beeindruckender elfstöckiger Art Deco Bau, der 1931 eröffnet wurde. Die luxuriöse Eingangshalle ist mit Marmorböden ausgelegt, die Decke ist mit filigranen Art Deco-Mustern ausgeschmückt. Seit 1958 eine Hochstraße den Bahnhof von der Innenstadt abschnitt, ging es mit ihm jedoch bergab und 1967 wurde er stillgelegt. Doch dies war nicht das letzte Wort, denn 1999 wurde der Bahnhof renoviert und im Jahr 2001 erhielt er Anschluss an den *Trinity Rail Express*, die Schienennahverkehrsverbindung zur nahen Stadt Dallas. Die störende Hochstraße vor dem Bahnhof wurde 2002 abgerissen und die oberen Stockwerke des Bahnhofs wurden zu Luxuswohnungen umgebaut.

⊙ Austin und der Dichter

Der amerikanische Schriftsteller André G. Dubus III (bekanntestes Werk `House of Sand and Fog´) begann sein Studium am Bradford College in Massachusetts, wo sein Vater, ebenfalls ein Schriftsteller, lehrte. Als 19jähriger entwickelte Dubus eine schwierige Liebesbeziehung zu einer iranischen Studentin. Um darüber hinwegzukommen, beschloss er, seinen Studienort möglichst weit nach Westen zu verlegen. So meldete er sich an verschiedenen Hochschulen westlich des Mississippi an. Er kaufte ein Bahnticket, um jede dieser Unis in Augenschein zu nehmen. Als er im Bahnhof von Austin ausstieg, sah er ein Plakat mit leckerem mexikanischem Essen, texanischem Bier, einem Kaktus und einer schönen Señorita. So war es wieder um ihn geschehen, und er beschloss, in Austin zu bleiben.

Ogden und der Promontory Point

Ogden im Staate Utah ist ein wichtiger Eisenbahnknoten im Westen der USA. Unweit von Ogden liegt der Promontory Summit. Hier wurde am 10. Mai 1869 feierlich mit einem goldenen Schienennagel *(golden spike)* die Lücke zwischen den Netzen der *Union Pacific* und der *Central Pacific* geschlossen und damit die erste transkontinentale Verbindung der USA geschaffen.

Als nächstgelegener Ort profitierte auch Ogden von diesem Lückenschluss. Doch in den darauffolgenden Jahrzehnten sollte Ogden ein schwieriges Pflaster werden. Angesichts des Rufes der Stadt meinte der Gangster Al Capone in den 1920er Jahren, Ogden wäre viel zu rau für ihn. Die 1924 eröffnete Union Station von Ogden vermittelt jedoch ein friedliches Entree in die Stadt: sie wirkt in ihrem Missionsstil wie eine neoromanische Basilika. Heute beherbergt der Bahnhof ein Eisenbahnmuseum.

Der Bahnhof von Lamar

Im Jahre 1866 fragten prospektive Stadtentwickler beim reichen Viehbesitzer A.R. Black an, ob dieser bereit wäre, am Bahnhof von Blackwell gelegenes Weideland abzugeben, um dort eine Stadt zu errichten. Obwohl ihm Entschädigungszahlungen geboten wurden und er das Land weiter besitzen sollte, lehnte Black ab. Auch als man ihm drohte, den Bahnhof stillzulegen, hatte er kein Einsehen. So riss man den Bahnhof einfach ab und verlegte ihn 5 Kilometer nach Westen. Die Abbruchtruppe warf das Blackwell-Bahnhofsschild in den Staub und brachte im neuen Bahnhof ein Schild mit der Aufschrift *Lamar* an, was gleichzeitig der Grundstein für die Stadt war. Namensgeber war der damalige Innenminister der USA.

Cheyenne Depot

Der in Richardsonian Romanesque (Richardson-Romanik) gehaltene, 1887 von Henry van Brunt erbaute Bahnhof von Cheyenne (Wyoming) galt einst als `the most beautiful railroad station between Omaha and Sacramento´. Sein dominierender Uhrturm erinnert stark an einen Kirchturm, aber auch an einen Campanile. Heute findet sich im großzügigen Bahnhofskomplex ein Eisenbahnmuseum.

⊙ Hilton und der Bahnhof von San Antonio (N.M.)

Der spätere Hotelgründer Conrad N. Hilton, Sohn eines norwegischen Einwanderers, wurde 1887 in San Antonio (New Mexico) geboren. Die Hiltons wohnten in einem Haus am Bahnhof, in welchem auch ein Laden untergebracht war. Als 1906 die Geschäfte nicht so gut liefen, bauten sie 6 Räume zu Fremdenzimmern aus. Hilton arbeitete den ganzen Tag im Laden und um 1 Uhr nachts ging er zum Bahnhof, wo Fernverkehrszüge hielten, und fragte aussteigende Fahrgäste, ob sie eine Unterkunft bräuchten. Ein Zimmer mit Frühstück kostete damals 2 Dollar 50 Cents. Hilton machte so wichtige Erfahrungen im Hotelgeschäft. 1919 versuchte Hilton, nach einem Zwischenspiel als Abgeordneter des Staates New Mexico und Soldat im Ersten Weltkrieg, in Cisco/Texas Anteile an einer Bank zu erwerben. Da sich die Verhandlungen hinzogen, musste Hilton über Nacht bleiben, aber leider feststellen, dass alle Hotels ausgebucht waren. Dies brachte ihn dazu, statt der Bank ein Hotel zu erwerben. Hilton hatte mit dieser Investition Glück und bald begann er zu expandieren. 1954 kaufte Hilton für über 100 Millionen Dollar die Statler-Hotelgruppe und wurde zu einem der führenden Hoteliers weltweit. 1966 übergab Conrad Hilton die Geschäfte seinem Sohn Barron Hilton. Dieser ist der Großvater des Starlets Paris Hilton und soll über deren übermäßige Medienpräsenz nicht besonders glücklich sein.

⊙ Myrna Loy und der kleine Bahnhof

Die US-Schauspielerin Myrna Loy (1905-1993) wurde in Radersburg im Bundesstaat Montana als Tochter eines amerikanischen Politikers geboren. Ihr Vater soll auf den Vornamen gekommen sein, als er mit der Bahn durch die USA reiste und der Zug in einer Station namens Myrna Halt machte Dabei scheint es sich wohl um eine Legende zu halten, denn Myrna ist ein durchaus üblicher irisch-gälischer Mädchenname, der so viel bedeutet wie `die Beliebte´, während sich ein Bahnhof namens Myrna in den USA nicht ausfindig machen lässt.

☞ Loys Geburtsort Radersburg liegt übrigens bei Montanas Hauptstadt Helena und damit nicht weit von der der Stadt Butte, in deren Bahnhof heute ein Fernsehsender sitzt. Dies wurde kommentiert mit `from train station to TV station- once station- always station´.

Der Brunnen im Bahnhof von Reno

Reno in Nevada galt einst als *Spielerhauptstadt der Welt,* verlor diesen Titel in den 1960ern aber an Las Vegas. Anders als Las Vegas hat Reno jedoch noch heute einen Bahnhof. Im Jahr 2006 konnte die Bahngesellschaft Amtrak sogar wieder den in den 1920ern erbauten und frisch renovierten Bahnhof in der Stadtmitte in Betrieb nehmen, nachdem mit Investitionen von über 280 Millionen $ die Gleise im Stadtbereich tiefer gelegt und damit 11 konfliktreiche Kreuzungen mit dem Straßenverkehr vermieden wurden. In der Eingangshalle des Bahnhofs wurde zudem ein großer Brunnen aufgestellt. Ein christlicher Frauenverein, der den Alkoholkonsum bekämpfen wollte, hatte diesen über 5 Meter hohen Brunnen im Oktober 1908 im Zentrum von Reno aufstellen lassen, damit die Männer zum Trinken gar nicht erst in die Saloons gehen mussten. Ähnliche Brunnen wurden damals auch in anderen Städten des Landes errichtet.

2.12 Die Westküste

Seattle King Street Station

Etliche um die Jahrhundertwende gebaute amerikanische Bahnhöfe lehnten sich in ihrer eklektizistischen Historismus-Architektur an europäische Vorbilder an. Der Uhrturm der 1906 eröffneten King Street Station, die noch heute Eisenbahnverkehr aufweist (die Union Station in Seattle dagegen ist heute ein Veranstaltungszentrum), ist eine Kopie des Glockenturms auf dem Markusplatz von Venedig. Das ist insofern bemerkenswert, als es den venezianischen Campanile im Jahr 1906 gar nicht mehr gab, denn er war im Jahre 1902 beim Versuch einen Aufzug einzubauen eingestürzt. Doch im Jahre 1912, 1000 Jahre nach Baubeginn des ersten Turmes, war der Campanile wieder aufgebaut und der Bahnhofsturm in Seattle hatte sein Vorbild wieder.

Portland (Oregon) - Go by train

Das Empfangsgebäude der Union Station in Portland (Oregon) ist durch einen sehr hohen Uhrturm gekennzeichnet, auf dem das Motto `GO BY TRAIN´ (Nimm den Zug) zu lesen ist. Vielleicht hat sich dieser Spruch unbewusst auf die Einstellungen der Bevölkerung ausgewirkt, denn Portland gilt als unamerikanisch kompakte, verkehrsvermeidende Stadt. Sie hat deshalb den Beinamen `*Mecca of Antisprawl´*. 1986 wurde in Portland eine moderne Stadtbahn eröffnet. Im Jahr 2001 wurde zusätzlich eine Straßenbahn eingeführt und seit 2005 findet sich auf einem Gebäude in der Innenstadt, in Anspielung auf den Slogan auf dem Bahnhofsturm, das Motto `*Go by streetcar´* (`Nimm die Straßenbahn´).

☞ Wegen seiner Brauereien hat Portland übrigens heute auch den Beinamen ‚*Munich on the Willamette*'.

83

⊙ Palo Alto und Stanfords Traum

Leland Stanford (1824-1893) war ein amerikanischer Politiker und Eisenbahnmagnat. Er war Mitbegründer der *Central Pacific Railroad*. Sein einziger Sohn, Leland Stanford Junior, starb, erst 16jährig, während einer Reise durch Europa an einer Typhusinfektion. Als Andenken an seinen geliebten und einzigen Sohn gründete Stanford an seinem damaligen kalifornischen Wohnort Palo Alto, einem an einer Bahnlinie gelegenen Vorort von San Francisco (diese Region wird heute Silicon Valley genannt), die *Leland Stanford Junior University*, die 1891 eröffnet wurde und mittlerweile zu den führenden Universitäten der Welt gehört. Eine Wandmalerei im 1940 eröffneten Empfangsgebäude des Bahnhofs von Palo Alto spannt den Bogen von Stanfords Eisenbahnaktivitäten zu seinem Traum einer Universität.

☞ Heute ist das flache Palo Alto auch eine Radfahrerstadt. Mittlerweile gibt es in Südkalifornien Fahrradparkhäuser an Bahnhöfen, die unter dem Namen *Bikestation* vermarktet werden. Die größte, mit 150 Plätzen findet sich an der Caltrain Station der Silicon Valley-Stadt Palo Alto.

Davis und die Radfahrer

Eine weitere Radfahrerstadt, die in dieser Hinsicht zeitweise als führend in Nordamerika galt, ist die ökologisch orientierte Universitätsstadt Davis. Bereits am Bahnhof fällt die für amerikanische Verhältnisse große Zahl von Fahrradständern auf. Das Empfangsgebäude wurde als repräsentatives Entree in die Universitätsstadt 1913 im damals modernen spanischen Missionsstil errichtet.

Los Angeles Union Station

Die 1939 in einer Mischung aus spanischem Kolonialstil und Art Deco erbaute Los Angeles Union Station (Akronym LAUS) hat auch den Beinamen `*The last of America's great railway stations*'.

Und da Hollywood nicht weit ist, kam die Union Station später auch in etlichen Filmen vor, so zum Beispiel *Speed*, *Blade Runner* und *Star Trek*. Im Film *Bladerunner* musste der Wartesaal als Polizeistation herhalten.

Mit dem Niedergang des Schienenpersonenverkehrs nach dem 2. Weltkrieg ging jedoch fast der ganze Fernverkehr verloren. Doch heute wächst angesichts verstopfter Straßen die Bedeutung des Bahnhofs wieder - als Nahverkehrs-knoten. Mit über 25 000 Passagieren pro Tag sieht er heute sogar mehr Fahrgäste als vor dem Krieg, als es nur 7000 täglich waren.

⊙ Pasadena Union Station

Während die Los Angeles Union Station aufkommenden Stars und Starlets durch Pressephotographen und inter-essiertem Publikum großen Bahnhof bot, stiegen die bereits etablierten Stars meist eine Station früher aus, um diskreter nach Hollywood gelangen zu können. Dies taten sie im am Ostrand des Ballungsraumes gelegenen Bahnhof von Pasadena. Bette Davis kam hier einst an und war verärgert, dass kein Mitarbeiter des Filmstudios am Bahnhof war, um sie abzuholen. Doch eine Mitarbeiterin war am Bahnhof gewesen. Sie meinte, sie hätte einfach niemanden aus-steigen sehen, der wie ein Filmstar aussah.

Die Pasadena Union Station, die zwischenzeitlich abge-rissen worden war, um Platz für ein Bauprojekt zu machen, ist heute in Originalform wieder aufgebaut.

☞ Harpo Marx von den Marx Brothers erlaubte sich auf diesem Bahnhof einmal den Scherz, in den Speisewagen eines wartenden Zuges einzusteigen, zwei zu Tisch sitzen-den Damen die Speisekarte zu entwenden, diese zu zer-reißen und die Stücke in den Mund zu stecken. Darauf eine der beiden Damen zur Bedienung: `*Please bring me a new menu, somebody has eaten mine′* (Menu bedeutet im Englischen sowohl *Speisekarte* als auch *Gericht*).

San Diego Union Station

Angesichts starker Zuwanderung aus Mexiko und dem übrigen Lateinamerika, einer hohen Geburtenrate der Zuwanderer und der Tatsache, dass bereits jedes zweite in Kalifornien geborene Kind Eltern lateinamerikanischer Herkunft (Hispanics/Latinos) hat wird manchmal über eine Mexikanisierung Kaliforniens (*Mexifornia*) spekuliert.

Vor 100 Jahren hatte man in diesem Bundesstaat noch nicht diese Perspektive, als man die in viktorianischem Stil gehaltene Union Station von San Diego im Jahr 1915 anlässlich der *Panama-California*-Ausstellung, die die Stellung der Stadt als Hafen und Verkehrsknoten untermauern sollte, abriss und durch ein von zwei angloamerikanischen Architekten entworfenes Gebäude in spanischem Kolonialstil ersetzte.

Die Ehre, die erste Fahrkarte kaufen zu dürfen, überließ man allerdings dem letzten Veteranen des US-Mexikanischen Krieges von 1846-1848. Dieser Krieg war durch die US-Annektion von Texas ausgelöst worden. Nach dem Krieg verlor Mexiko auch noch die heutigen Bundesstaaten Kalifornien, Nevada, New Mexico und Arizona.

San Ysidro Transit Center

Von San Diegos Union Station kann man mit der Blue Line der Stadtbahn bis zum San Ysidro Transit Center fahren. Dieses liegt am Grenzübergang zu Mexiko, was für hohe Fahrgastzahlen sorgt, denn die Grenzübergangsstelle zwischen San Diego und Tijuana ist mit 30 Millionen Personen pro Jahr die meistfrequentierte weltweit. Doch auf dem Schienenweg kann man die Grenze überqueren. Wer nicht im Stau stehen will, überquert die Grenze zu Fuß und steigt auf der US-Seite in die Stadtbahn ein. San Diego war übrigens die erste US- Stadt, die nach der Ölkrise ein neues Stadtbahnsystem eingeführt hat (erste Stadt in Nordamerika war 1978 Edmonton). 1981 wurde die erste Linie eröffnet (vom Bahnhof zum Grenzübergang bei San Ysidro) .

Michael Jackson - Residenz als Bahnhof

Michael Jackson galt als Bahnfan. In Linz hätte er einmal am liebsten die Grottenbahn gekauft und zum Schloss Neuschwanstein fuhr er per Sonderzug mit ihm selbst als einzigem Fahrgast. Das Hauptgebäude seiner Neverland-Ranch, Teil eines ehemaligen Vergnügungsparkes, war als Bahnhof ausgestaltet, komplett mit Parkeisenbahn-Gleis.

San Bernardino

Das wuchtige, im Spanish Mission Revival Style gehaltene Bahnhofsgebäude von San Bernardino in Südkalifornien war bei seiner Eröffnung im Jahr 1918 das größte Empfangsgebäude westlich des Mississippi. Die örtliche Zeitung schrieb damals, dass San Bernardino ‚die beste Station im ganzen Westen‘ sein werde. Anfangs wurde sie auch stark frequentiert, doch nach dem Zweiten Weltkrieg gingen die Fahrgastzahlen schnell zurück. Heute hat der Bahnhof nur 11 000 Bahnreisende pro Jahr, doch nimmt der Schienennahverkehr in den letzten Jahren zu.

Stuck in Lodi

1969 gab die US-Popgruppe *Creedence Clearwater Revival* das Album ‚Green River‘ heraus, welches den Song *Lodi* enthielt. Dieser endete mit den Zeilen:
If I only had a dollar for every song I sung
You know I'd catch the train back to where I live
Oh! Lord, I am stuck in Lodi again.
Dabei ist es gar nicht so leicht, in Lodi hängen zu bleiben, denn die Stadt hat einen Bahnhof, von welchem auch heute noch Züge abfahren.

3. Mittelamerika und Karibik

In Mittelamerika gibt es praktisch keinen Schienenpersonenfernverkehr mehr. Im Fernverkehr dominieren Busse, im flächenmäßig ausgedehnten Mexiko hat zudem das Flugzeug eine gewisse Bedeutung. Ein bescheidener Schienenfernverkehr existiert dagegen noch in Kuba.

Mexiko hatte einst ein relativ großes Eisenbahnnetz von über 30 000 km. Unter Profirio Diaz, von 1877-1880 und 1884-1911 Präsident des Landes wurde Mexiko für ausländische Investitionen geöffnet und der Bahnbau sogar mit staatlichen Subventionen gefördert. In Mexiko kam es deshalb um die Jahrhundertwende zu einem regen Eisenbahnbau durch amerikanische, britische und französische Gesellschaften. Zudem gab es hunderte Straßenbahnen und etliche Plantagenbahnen. Doch da Diaz wenig in die Bildung investierte, blieb die Masse der Bevölkerung arm und hatte wenig vom Schienenverkehr. Nach dem Zweiten Weltkrieg setzte der Straßenverkehr der Eisenbahn immer mehr zu und Ende der 1990er Jahre wurden die verbliebenen Bahngesellschaften an nordamerikanische Güterverkehrsbahnen verkauft und der Personenverkehr stillgelegt.

Der Güterverkehr ist jedoch rentabel und profitiert von der zunehmenden ökonomischen Integration zwischen den USA und Mexiko im Rahmen des NAFTA-Abkommens und von der Tatsache, dass beide Länder über die gleiche Eisenbahnspurweite (Normalspur) verfügen.

In Mittelamerika ist der Eisenbahngüterverkehr dagegen weniger erfolgreich, da die Transportdistanzen kürzer sind und die Eisenbahninfrastruktur immer wieder durch Naturkatastrophen beschädigt wird. Dies behindert auch den Personenverkehr. Trotzdem gibt es Bestrebungen, diesen in den Hauptstadtregionen von Costa Rica und El Salvador auszubauen und Touristenzüge einzurichten.

3.1 Mexiko

Veracruz- der erste Bahnhof Mexikos

Bereits 1837 wurde eine Konzession für den Bau einer ersten mexikanischen Eisenbahnlinie vom Seehafen Veracruz in die Hauptstadt Mexiko Stadt vergeben. 1842 begann man in Veracruz mit den Bauarbeiten und 1850 fuhr der erste Dampfzug in den Vorort El Molino. Die Verbindung in die Hauptstadt konnte allerdings erst 1873 eröffnet werden. Somit war Veracruz die erste mexikanische Stadt, die einen Bahnhof hatte. Vom Bahnhof fahren jedoch schon lange keine Personenzüge mehr ab.

⊙ Porfirio Diaz und die Schmalspurbahn

Dass unter der Herrschaft des Diktators Porfirio Diaz viele Bahnlinien gebaut wurden, kam diesem am Ende seiner Herrschaft auf besondere Weise zu gute. Nach Beginn der Mexikanischen Revolution floh Präsident Diaz 1911 per Eisenbahn aus der Hauptstadt nach Veracruz, wo er sich nach Europa einschiffte. Die Fahrt trat er im San Lazaro Bahnhof von Mexiko Stadt an.

Damals führten von diesem Bahnhof zwei Strecken an die Karibikküste: eine Normalspurbahn, die *Mexican Railway*, und eine Schmalspurbahn, die *Interoceania*. Diaz wählte bewusst die langsamere *Interoceania*, da er glaubte, eventuelle Häscher würden ihn eher auf der schnelleren Normalspur-Bahnlinie vermuten. Dem Präsidentenzug fuhr ein Leerzug voraus und hinter dem Zug folgte ein dritter Zug mit ihm loyalen Sicherheitskräften. Den San Lazaro-Bahnhof gibt es heute nicht mehr. Jedoch zeigt das Symbol der gleichnamigen U-Bahnstation von Mexiko-Stadt eine Dampflokomotive und erinnert so an den ehemaligen Bahnhof der Hauptstadt.

⊙ El Camaron und die Staatskasse

In den Revolutionswirren Anfang des 20. Jahrhunderts gaben sich in Mexiko die Präsidenten die Klinke in die Hand. Ein Präsident soll heimlich, so die Anekdote, einen Bahnwaggon mit dem Staatsvermögen gefüllt haben, um sich damit über Veracruz ins Ausland abzusetzen.

Per Telegraph wurden die Bahnhöfe auf der Strecke angewiesen, die Weichen entsprechend zu stellen. Doch der Stationschef von El Camaron trank, als die Nachricht eintraf, gerade einen Tequila. Er schickte seinen Assistenten, noch eine Flasche zu holen und auf dem Rückweg die Weichen zu stellen. Doch der Zug war schon entgleist. Immerhin konnte man so den Staatsschatz sicherstellen.

Aguascalientes und das Weltkulturerbe

Der 1884 erbaute Bahnhof von Aguascalientes (im gleichnamigen Bundesstaat gelegen) und seine umfangreichen, vollständig im Zustand der 1890er Jahre erhaltenen Anlagen, wurde im Jahr 2001 von Mexiko als Industriedenkmal für die Liste des Weltkulturerbes vorgeschlagen (jedoch bis heute nicht aufgenommen).

⊙ Nuevo Laredo und Garcia Marquez

Der kolumbianische Schriftsteller Gabriel Garcia Marquez (*1927) wurde 1961 aus den USA gedrängt, da seine Arbeit für das kubanische Pressebüro *Prensa Latina* in New York mit zunehmendem Linksruck der Revolutionäre nicht mehr gern gesehen war. Er beschloss, sich in Mexiko niederzulassen. Im Bahnhof Nuevo Laredo betrat er zum ersten Mal mexikanischen Boden. Von hier fuhr er mit dem Zug nach Mexico City weiter. Der Bahnhof von Nuevo Laredo, für den Personenverkehr längst stillgelegt, nennt sich heute *Estacion Palabra Gabriel García Márquez* (Palabra = Wort) und beherbergt heute ein Kulturzentrum.

Mexico-Stadt - Buenavista und die gute Aussicht

Mit einer Zugverbindung vom Buenavista-Bahnhof in Mexiko-Stadt zum Seehafen Veracruz wurde 1873 in Mexiko das Zeitalter des Eisenbahnfernverkehrs eingeläutet. 1892 wurde zur 400-Jahr-Feier der Entdeckung Amerikas eine Kolumbusstatue auf dem Platz vor dem Bahnhof aufgestellt. Der alte Bahnhof wurde 1958 abgerissen, um Platz für Bürogebäude zu schaffen. Unweit davon wurde 1961 vom mexikanischen Präsidenten der architektonisch eher unspektakuläre, wohl von Roma Termini inspirierte neue Buenavista-Bahnhof eröffnet.

Dass die Frontseite des Empfangsgebäudes sehr breit war, traf sich, denn sie musste die Buchstaben ESTACIÓN DE FERROCARRILES NACIONALES DE MEXICO tragen.

Heute gibt es keine nationale Eisenbahngesellschaft mehr und der Bahnhof trägt nurmehr die Lettern MEXICO BUENAVISTA. Buenavista bedeutet `gute Sicht´, und diese hatte man anfangs noch auch auf den spektakulären, spitz zulaufenden Wolkenkratzer, der sich unweit des Bahnhofs erhebt, wie der Film Estación de Buenavista aus dem Jahr 1971 zeigt (siehe http://www.youtube.com/watch?v=-T5TQGoZEeE auf *youtube*). Doch mit zunehmendem Straßenverkehr wurde die Luft im Kessel Mexiko Stadt immer schlechter. Im letzten Jahrzehnt wurde jedoch durch emissionsärmere Fahrzeuge eine Besserung erreicht.

Buenavista und der S-Bahnverkehr

Ende der neunziger Jahre wurden Mexikos Eisenbahnen privatisiert. Kurze Zeit später wurde der Eisenbahnpersonenverkehr gänzlich stillgelegt. Die neuen Privatgesellschaften, oft in amerikanischem Besitz, konzentrierten sich nämlich auf den profitablen Güterverkehr. Selbst die Buenavista Station, der größten Bahnhof der Hauptstadt, sah seit Januar 2000 keine Personenzüge mehr.

Doch weil die Stadt am Straßenverkehr erstickt, wird heute das bereits große U-Bahnnetz der Stadt durch Vorortbahnen ergänzt. Im März 2008 wurde vom mexikanischen Präsidenten persönlich der Abschnitt bis Buenavista- Lecheria der 27 km langen Bahnstrecke nach Cuautitlán eröffnet. Ein Neubau der Schienenstrecke war nötig, da die bestehenden Gleise einer Privatbahn gehören. 100 Millionen Fahrgäste pro Jahr werden erwartet, was dem Buenavista-Bahnhof mit fast 300 000 Passagieren pro Tag neues Leben einhauchen dürfte. Im Juni 2008 lag die Fahrgastzahl jedoch erst bei täglich 30 000, im Jahr 2011 wurden 140 000/Tag erreicht.

⊙ Trotzki und der Lecheria-Bahnhof

Der Maler Diego Rivera, der mit der ebenso berühmten Malerin Frida Kahlo verheiratet war, galt als Kommunist.
Einmal bekam er von Rockefeller den Auftrag, eine Wandmalerei am New Yorker Rockefeller Center anzubringen.
Doch als Rivera einen Lenin in das Bild integrierte, war Rockefeller so verärgert, dass er das Bild vollständig zerstören ließ. Nachdem der Revolutionär Trotzki in Russland in Ungnade gefallen war, lud ihn Rivera 1936 zu sich nach Mexiko ein. Trotzki kam mit dem Schiff in Veracruz an und fuhr mit der Bahn bis Mexiko Stadt. Von dort musste er noch einen Zug in den Vorort Lecheria nehmen, wo ihn Rivera mit dem Auto abholte und ihn in das Haus seiner Frau Frida Kahlo brachte, das ihm als Wohnstandort überlassen wurde.

⊙ Guanajuato und Diego Rivera

Der wegen seiner Wandmalereien berühmt gewordene mexikanische Maler Diego Rivera (1886-1957) wurde in Guanajuato geboren, wo seine Familie ein Silberbergwerk besaß. Zur Geburt seiner Schwester wird folgende Anekdote erzählt: als die Niederkunft im Elternhaus kurz bevorstand, wollte man den kleinen Jungen nicht direkt mit dem Geburtsvorgang konfrontieren und sagte ihm, er müsse zum Bahnhof gehen, dort käme seine kleine Schwester in einer Kiste an. Er wartete Stunde um Stunde am Bahnhof, doch eine Kiste kam nicht an. Als er schließlich nachfragte, sagte man ihm, dass das Baby schon zuhause angekommen wäre. Zurück in seinem Elternhaus fragte er, wo denn die Kiste sei, in welcher das Baby geliefert worden wäre. Verlegen konnten ihm die Verwandten nur eine Schuhschachtel vorweisen. Da rannte er aus dem Zimmer und meinte, sie wären alle Lügner.

Guanajuato und die seltsame Markthalle

Die Silberstadt Guanajuanto hat in der Innenstadt eine seltsame Markthalle mit Uhrturm, welche an eine Bahnhofshalle erinnert. Dazu gibt es zwei Erklärungen. Die eine besagt, in der reichen Silberstadt hätte man einst erst einen aufwendigen Bahnhof gebaut und erst dann realisiert, dass angesichts der schwierigen Topographie der Stadt ein Schienenanschluss nicht hergestellt werden konnte. Eine zweite Erklärung ist, dass es sich bei der Halle um einen für Europa vorgesehenen Bahnhof handelte, der dann doch nicht gebraucht wurde und dessen Eisenkonstruktion (oder zumindest dessen Entwurf) dann in Guanajuato verbaut wurde. Dabei soll es sich entweder um einen Bahnhof in Belgien oder einen in Paris gehandelt haben.

Guadalajara und der Tequila Express

Guadalajara, die zweitgrößte Stadt Mexikos, hat weder Schienenfernverkehr noch Eisenbahnnahverkehr. Auch wurden Projekte, Guadalajara mit Mexiko Stadt (600 km Entfernung) durch eine Hochgeschwindigkeitsbahnlinie zu verbinden, 2006 aufgegeben. Man hatte einen Investitionsbedarf von über 5 Milliarden Dollar errechnet und kam zum Schluss, dass kostendeckende Passagierzahlen nicht zu erreichen waren. Seit 1989 gibt es immerhin eine unterirdische Stadtbahn. Und im Jahr 2006 wurde, als die UNESCO das Tequila-Anbaugebiet in der Nähe der Stadt zum Weltkulturerbe erklärte, ein Touristenzug eingerichtet, der *Tequila-Express*, der jedes Wochenende einen Ausflug in das Tequila-Produktionsgebiet ermöglicht.

⊙ San Luis Potosi

San Luis Potosi ist die Hauptstadt des gleichnamigen mexikanischen Bundesstaates und hat zwei Bahnhöfe: *Central* und *Nacional*. Der Bahnhof Central wurde in den 1920er Jahren erbaut und ähnelt in seiner Kubatur sogar ein wenig dem zur selben Zeit erbauten Stuttgarter Hauptbahnhof. Die Wände der Eingangshalle sind durch *Murales* geschmückt, die 1943 vom berühmten mexikanischen Wandmaler Fernando Leal (1896-1964) angebracht wurden. Eines zeigt eine Karte des Bundesstaates San Luis Potosi (dessen Bewohner übrigens meinen, der Bundesstaat hätte den Umriss eines Hundes). Ein anderes Bild zeigt eine Hafenszene mit einem Schiff, dessen Ware abgeladen wird - dabei liegt San Luis Potosi tief im Binnenland und daher weit von jedem Hafen entfernt. Heuet werden die Bilder wieder von vielen Besuchern bewundert, denn im Bahnhof wurde ein Eisenbahnmuseum eingerichtet.

⊙ Julian Carrillo

Der mexikanische Komponist Julian Carrillo (1875-1965) wurde im Dorf Ahualulco geboren und studierte in San Luis Potosi. Carrillo war durch seine *Theorie des 13. Tons* bekannt und umstritten. In San Luis Potosi war man jedoch so stolz auf ihn, dass man seinen Geburtsort zeitweise in (bis 1944) *Ahualulco del Sonido 13* umbenannte. Auch eine längst stillgelegte Bahnstation bei San Luis Potosi wurde nach ihm benannt.

Cuautla und das alte Bahnhofsgebäude

Die unweit von Mexiko City gelegene Stadt Cuautla wurde früher auch als *Stadt mit dem ältesten Bahnhofsgebäude der Welt* bezeichnet. Der 1881 eingerichtete erste Bahnhof wurde nämlich in die Mauern eines 1657 erbauten, aber nicht mehr genutzten Dominikanerkonvents nahe dem Stadtzentrum, eingebaut. Dieser alte Bahnhof ist jedoch längst durch einen gesichtslosen Bahnhof am Stadtrand ersetzt. Aber auch dort halten keine Personenzüge mehr und auch der neue Bahnhof ist mittlerweile geschlossen.

Chapala und der See

Unweit von Guadalajara liegt der Chapalasee, das größte Binnengewässer Mexikos. Im Jahre 1926 stieg das Wasser des Sees so hoch, dass der Bahnhof der Stadt Chapala überflutet wurde und aufgegeben werden musste. Heute wäre eine Überflutung unwahrscheinlicher, denn durch Trinkwasserentnahme für die nahe gelegene Großstadt ist der Wasserspiegel des Sees gesunken. Der relativ flache See leidet heute zudem stark an Eutrophierung und muss immer wieder von Wasserhyacinthen befreit werden.
Der einst überflutete Bahnhof beherbergt mittlerweile ein Museum.

Merida und die Kunsthochschule

Merida hatte einst einen der schönsten Bahnhöfe Mexikos. Ein Video auf youtube zeigt ein Szene aus der Zeit, als hier noch Züge abfuhren http://www.youtube.com/watch?v=7JX8gMHyqB0
Nachdem der Personenverkehr im Bahnhof in den 1990er Jahren stillgelegt wurde, zeigt sich das Bahnhofsgebäude heute in alter Pracht. Denn im Jahr 2007 hat sich im frisch renovierten Gebäude eine Kunsthochschule einquartiert.
☞ Merida ist die Hauptstadt des Bundesstaates Yucatan und dieser hatte einst ein riesiges, weltweit einmaliges Netz von 4500 km, meist von Pferden gezogenen Straßenbahnen. Die meisten dieser Bahnen erschlossen Sisalplantagen und

verbanden diese mit Städten und Bahnhöfen. Als in den 1920ern Kunstfasern entwickelt wurden, ging es mit der Sisalproduktion rasch bergab und viele der Plantagenbahnen wurden stillgelegt und bald traf dasselbe Schicksal die interurbanen und innerstädtischen Bahnen.

Queretaro und der Altar

Der Bahnhof von Querteraro wurde von einer englischen Firma in französischem Stil erbaut und 1903 vom Präsidenten Porfirio Diaz höchstpersönlich eingeweiht. Im Bahnhof befindet sich ein Altar für ums Leben gekommene Eisenbahner. Die Stadt hat zwar keinen Schienenpersonenverkehr mehr, aber Güterverkehrzüge fahren hier noch und beim Rangieren gibt es immer wieder Todesfälle.

Tapachula und der Todeszug

Tapachula im Bundesstaat Chiapas ist mit etwa 280 000 Einwohnern die südlichste Großstadt von Mexiko. Von hier sind es nur wenige Kilometer bis zur Grenze zum armen Nachbarland Guatemala. Von Tapachula fahren andererseits Güterzüge Richtung Norden bis in die USA. Viele Migranten aus Guatemala und anderen mittelamerikanischen Ländern werden davon angelockt. Sie kommen hier illegal über die Grenze, springen nachts im Bahnhof von Tapachula auf die Güterzüge auf, in der Hoffnung bis an die US-Grenze transportiert zu werden. Etliche fallen dabei von den Zügen und werden verletzt, tragen Behinderungen davon oder sterben sogar. Deshalb haben die von Tapachula ausgehenden Züge auch den Beinamen *Todeszug*. Im Jahr 2005 verwüstete der *Hurrikan Stan* die Region, einschließlich der Bahninfrastruktur und brachte den Bahn-Migrantenstrom damit zeitweise zum Erliegen.

3.2 Guatemala

Guatemala City- Estación Central

In den 1770er Jahren zerstörte eine Reihe von Erdbeben und Vulkanausbrüchen die alte Hauptstadt von Guatemala, die heute Antigua Guatemala genannt wird. In ihr finden sich noch heute die Ruinen des damaligen Erdbebens. Sorgfältig suchte man nach einem sicheren Standort für eine neue Hauptstadt und fand ihn in einem Tal, dessen Topographie darauf hinzudeuten schien, dass Erdbeben hier selten waren. Die neue Hauptstadt wurde Guatemala Stadt genannt. Dennoch kam es im Jahre 1917 zu einem Erdbeben, bei dem unter anderem der Hauptbahnhof zerstört wurde. Nun baute man einen für die Fahrgäste sichereren leichteren Bahnhof aus Holz. Doch dieser brannte 1973 ab. Beim Bau des dritten Bahnhofs war man schließlich gestalterisch nicht mehr besonders motiviert. Man errichtete einen schlichten Ziegel-Flachbau, bei dem wenig einstürzen oder abbrennen konnte. Dieser ist heute weniger durch Naturkatastrophen gefährdet, als durch Abriss, denn fahrplanmäßigen Schienenpersonenverkehr gibt es heute in Guatemala nicht mehr. Immerhin findet sich heute ein Eisenbahnmuseum im Bahnhof.

Die Bahnhofskopie

Den alten, durch das Erdbeben zerstörten Bahnhof von Guatemala Stadt gibt es dagegen wieder - als Kopie. Ein Nachbau des Empfangsgebäudes wurde im Jahr 2002 eröffneten Vergnügungspark *Xetulul* errichtet und an diesem hält auch wieder ein Zug - die Parkeisenbahn von Xetulul. Da der nachgebaute Bahnhof am Eingang des Parks steht, gehen durch ihn mehr Personen als je durch den alten Bahnhof. Und irgendwie müssen sie sich wie in Lindau fühlen, denn in Xetulul steht ein paar Schritte vom Bahnhof ein Nachbau des Lindauer Hafenturms.

Quetzaltenango

In der Stadt Quetzaltenango (400 000 Einwohner) ist man stolz darauf, einst Ausgangspunkt der einzigen elektrischen Bahnlinie des Landes, der *Ferrocarril de los Altos,* gewesen zu sein. Diese spektakuläre Bahnlinie war 44 km lang und verband Quetzaltenango mit San Felipe (unweit von San Felipe liegt übrigens der Vergnügungspark Xetulul). Ursprünglich sollte sie als Zahnradbahn angelegt werden, denn der Höhenunterschied zwischen den beiden Endpunkten beträgt fast 2000 m. Doch schließlich entschied man sich für eine Reibungsbahn, allerdings mit elektrischem Antrieb. Gebaut wurde die 1930 eröffnete Bahn von Krupp und AEG. Doch bereits 1933 führten Erdrutsche zum Aus der Bahn. In Quetzaltenango, das einst über Bahnsteighallen und umfangreiche Abstellanlagen verfügte, hat man die Bahn noch nicht vergessen. Im ehemaligen Bahnhof ist ein Eisenbahnmuseum eingerichtet und eine Gedenktafel am Bahnhof erinnert an die einstige elektrische Bahnlinie.

Zacapa

Seit 1896 ist Zacapa ein Eisenbahnknoten im Osten Guatemalas. Hier zweigt die Bahnlinie nach El Salvador von der Strecke Guatemala Stadt- Puerto Barrios ab. Allerdings fahren am Bahnhof nur noch Güterzüge und gelegentliche Touristenzüge vorbei. Doch auch dieser Verkehr wird immer wieder durch Erdrutsche und in neuerer Zeit Schienendiebstahl unterbrochen. Als in Zacapa der fahrplanmäßige Personenverkehr in den 1990ern stillgelegt wurde, war die Büroausstattung des Bahnhofs mit seinem Wählscheibentelefon und seiner mechanischen Schreibmaschine so veraltet, dass man daraus direkt ein Museum machte. An den Bahnhof angeschlossen war einst ein Hotel, in welchem 1930 die chilenische Literaturnobelpreisträgerin Gabriela Mistral (1889-1957) übernachtete. Heute ist es Teil des Museums- mit Mistrals Zimmer im Originaldekor.

3.3 Nicaragua

Am 31. Dezember 1993 wurde der Bahnverkehr in Nicaragua eingestellt. Mehrere Faktoren trugen dazu bei: nach dem Bürgerkrieg und der Sandinistenherrschaft war das Land verarmt, die konservative Regierung fuhr einen marktwirtschaftlichen Kurs und war nicht bereit, die defizitäre Bahn zu subventionieren und das Land wurde von Präsidentin Violeta Chamorro (1990-97) regiert und Frauen sind üblicherweise weniger bahnverliebt als Männer.

☉ Niquinohomo

Der nicaraguanische Guerillaführer Augusto Sandino wurde 1894 in einem Haus am Bahnhof des Dorfes Niquinohomo geboren und später sollte Sandino viel mit der Bahn unterwegs sein. 1920 etwa musste er nach einer Schießerei Nicaragua verlassen und fuhr mit dem Zug bis nach La Ceiba (Honduras), um in einem Rumlager zu arbeiten. Auch in Guatemala war er mit der Bahn unterwegs. Heute gibt es Pläne, im stillgelegten Bahnhof von Niquinohomo ein Augusto Sandino-Museum einzurichten.
☞ Der Flughafen der nicaraguanischen Hauptstadt Managua nennt sich bereits Augusto Sandino Airport. Dabei war Sandino nie mit dem Flugzeug unterwegs gewesen.

☉ Leon und der Dichter

Leon hat einen der ältesten Bahnhöfe Nicaraguas. Dieser wurde 1882 erbaut und er war das erste Gebäude der Stadt, in welchem Stahl für den Dachstuhl verwendet wurde. 1907 wurde der Bahnhof Teil der Literaturgeschichte des Landes. Der Nationalpoet Ruben Dario unternahm nämlich im Jahr 1907 eine Bahnfahrt von Corinto nach Leon und schrieb darüber das Buch `Reise in Nicaragua. Ein tropisches Intermezzo´. 1979 trug der eher schmucklose Bahnhof im Bürgerkrieg Schäden davon. Heute hat sich im Bahnhof ein Markt angesiedelt, Züge halten hier schon lange nicht mehr.

Granada und die Schule

Einst rivalisierten die Städte Leon und Granada um die Hauptstadtfunktion Nicaraguas. Als Kompromiss wurde schließlich der dazwischen gelegene Ort Managua 1858 zur Hauptstadt gemacht. Während jedoch Managua 1972 durch ein Erdbeben völlig zerstört wurde, behielten Leon und Granada ihre historische Architektur einschließlich der Bahnhöfe. Das in einem merkwürdigen neoklassischen Stil 1888 erbaute, rot-weiß gestrichene Empfangsgebäude Granadas gehörte zu den schönsten Bahnhofsgebäuden Mittelamerikas und beherbergt heute eine Schule.

Managua

Einst hatte Managua einen stattlichen Bahnhof, der in seiner Architektur demjenigen von Grenada ähnelte und zusätzlich über ein Tonnendach verfügte. Doch das schwere Erdbeben im Jahr 1972 und wirtschaftlich schwierige Jahrzehnte setzten ihm zu. In der Amtszeit des Präsidenten Enrique Bolanos (2002-2007) wurden die Reste des Gebäudes schließlich abgerissen. Auf der Brachfläche, auf der einst der Bahnhof der Hauptstadt stand, hat sich mittlerweile ein Mini-Slum ausgebreitet. Ein Hauptstädter kommentierte in einem Blog, ein Präsident aus Managua wäre wohl respektvoller mit dem Architekturerbe umgegangen. Bolanos hätte es auch nicht hingenommen, wenn der Bahnhof seiner Heimatstadt Masaya abgerissen worden wäre.

Masaya

Und tatsächlich hat Masaya im Gegensatz zu Managua noch einen Bahnhof. Er wurde 1932 erbaut und macht mit seinen Arkadenbögen einen harmonischen Eindruck. Angesichts seiner zentralen Lage in der Stadt, die einst Eisenbahnknoten war und um ihn herum wuchs, soll er renoviert und zu einem Kulturzentrum umgebaut werden.

3.4 Übriges Mittelamerika

Panama - die erste transkontinentale Bahn

Überraschenderweise war die 1855 eröffnete *Panama Railway* die erste transkontinentale Bahnlinie. Eine US-Gesellschaft hatte die Linie gebaut, da vor allem die Amerikaner Interesse hatten, im Schiffsverkehr den Weg um die Südspitze Südamerikas zu vermeiden. Die Bahn ermöglichte noch vor Eröffnung des Panamakanals, Güter weitgehend auf dem Seeweg von der amerikanischen Ostküste and die Westküste zu bringen. Trotz ihrer Länge von nur 77 km war der Bau der Bahn schwierig, dabei sollen 12 000 Menschen ums Leben gekommen sein.

Heute hat die Bahn auch touristische Bedeutung. Täglich fährt ein Zug vom Bahnhof der Pazifikstadt Panama City nach Colon am Atlantik. Dabei fährt man übrigens von Ost nach West, denn der Atlantikendpunkt der Strecke liegt westlicher als der Pazifikendpunkt. Überraschenderweise haben die Gleise im Bahnhof von Panama-Stadt die gleiche Spurweite wie die in Russland. Ein Zufall ist dies nicht. Die 1524 mm-Breitspur (5 Fuß) war in den US-Südstaaten um 1840 maßgeblich, die Panama Railway wurde von Amerikanern gebaut, und der US-Ingenieur George Washington Whistler implementierte diese Spurweite auch bei der Bahnlinie St. Petersburg-Moskau.

San José (Costa Rica)

Im Herbst 2005 wurde in San José, der Hauptstadt Costa Ricas, ein begrenzter S-Bahnartiger Verkehr eingeführt, der die größte Universität des Landes (35 000 Studenten) mit dem Hauptbahnhof *Estación del Pacifico* und einem Industriegebiet verbindet. In den ersten Tagen war die Zugfahrt gratis, ein Anreiz die Bahn kennen zu lernen. Vom Pacifico-Bahnhof fährt samstags und sonntags zudem ein Touristenzug, der Tico Train, in die Nachbarstadt Caldera.

☞ Das Land macht seinem Beinamen *Schweiz Mittelamerikas* jedoch durch eine andere Bahn Ehre: der `Schweizer Eisenbahn´ eine von einem Schweizer in den 1990ern erbaute 3.5 km lange 600 mm Feldbahn, die heute zum Hotel *Los Héroes* in Nuevo Arenal gehört.

Cartago (Costa Rica)

2008 wurde der um 1900 erbaute Holzbahnhof der Stadt Cartago, der unter Denkmalschutz steht, renoviert, um fortan als Kulturzentrum genutzt zu werden. Das Römermotto `Karthago müsse zerstört werden´, galt hier wohl nicht.

La Ceiba (Honduras)

Die an der Karibikküste gelegene Stadt La Ceiba war bis 2010 die einzige in Honduras, in der es noch Eisenbahn- personenverkehr gab. Alle halbe Stunde fährt ein Zug vom Zentrum auf einer 1067 mm Linie ins östliche Stadtviertel, welches nur 3 km entfernt ist. Dafür wird nur eine Lokomotive und ein umgebauter Güterwaggon ohne Seitenwände benötigt. Zugkreuzungen finden somit nicht statt, nur ein Minimum an Personal ist nötig. Die Eisenbahnen von Honduras wurden einst von amerikani- schen Bananengesellschaften als Schmalspurlinien (Kap- spur) gebaut, um von der Küste aus wichtige Bananen- anbaugebiete zu erschließen. Der Hurrikan Mitch zerstörte 1998 einen Großteil der Bahninfrastruktur des Landes. La Ceiba behielt jedoch seine kleine Bahnstrecke.

San Pedro Sula- Reaktivierung mit einfachen Mitteln

Im September 2010 wurde in San Pedro Sula (Honduras) Bahngleise von Schutt und Müll freigelegt, Schwellen vom Personal aus Holzbalken gebastelt und fehlende Schienen- stücke ersetzt, um zwischen dem Hauptbahnhof und dem Fernbusterminal mit 2 alten Personenwagen und einer Lok einen Schienenverkehr im 30-Minuten-Takt einzurichten.

3.5 Karibik

Villanueva- Kubas früher Bahnhof

Kuba war länger Kolonie als andere Länder Lateinamerikas, hatte aber bereits recht früh eine erste Eisenbahnlinie. Bereits seit 1837 fuhr vom Villanueva-Bahnhof in der Hauptstadt, der 1912 stillgelegt wurde, ein Zug in den Vorort Bejucal. Damit fuhr der erste Zug in Kuba 12 Jahre früher als im spanischen Mutterland. Grund dafür waren die Exportinteressen der Zuckerrohranbauer.

Der Hauptbahnhof von Havanna

Havannas doppeltürmiger, 1912 erbauter Hauptbahnhof sieht mit seinem spanischem Neorenaissancestil kubanisch aus. Doch wurde er von US-Architekten erbaut und Stilvorbild mag sogar der alte, später abgerissene Bahnhof von Atlanta gewesen sein. Einst wehte auf dem Bahnhof neben - der kubanischen Flagge sogar das US-Sternenbanner.
☞ Havannas La Coubre Bahnhof ist nach einem französischen Frachtschiff benannt, welches mit 76 t Munition an Bord 1960 im Hafen der Stadt explodierte (über 100 Tote).

Havanna Casablanca und die Hershey-Bahn

Obwohl der Casablanca-Bahnhof von Havanna nur die Anmutung einer Bushaltestelle hat und man vom Stadtzentrum eine Fähre benutzen muss, um ihn zu erreichen, finden sich an dieser einfach gestalteten Station immer wieder Touristen aus dem Ausland. Von hier fährt nämlich die straßenbahnähnliche *Hershey Electric Railway* ab, die einzige elektrifizierte Bahn Kubas. Diese wurde 1921 von der amerikanischen Schokoladenfirma Hershey erbaut, die in Cuba Zuckerrohranbaugebiete und eine Zuckermühle besaß, mit einer Bahnstation namens Hershey. Allerdings wurde die Zuckermühle im Jahre 2002 geschlossen und seither bangen viele Eisenbahnfans um den Erhalt der Bahn.

Die Zuckerrohrbahn von St. Kitts

Zucker galt einst als weißes Gold. Die Karibik entwickelte sich im 18. Jahrhundert zu einem wichtigen Zuckerrohranbaugebiet, das zwischen europäischen Kolonialmächten umkämpft war. Die Zuckerinsel St. Kitts war zeitweise die reichste Kolonie Großbritanniens. Doch als es gelang, Zucker in großem Maßstab aus Zuckerrüben zu gewinnen, begann der Preis des karibischen Zuckers zu fallen. Zuckerproduzenten versuchten deshalb, durch Rationalisierungen weiterhin profitabel zu bleiben. In Basseterre, dem Hauptort von St. Kitts, wurde 1912 eine Zuckerfabrik gebaut und bis 1926 legte man eine Schmalspurbahn rings um die Insel, um das Zuckerrohr zur Fabrik zu bringen. Während auf anderen Karibikinseln der Zuckerrohranbau längst wieder eingestellt wurde, hielt sich dieser auf St. Kitts immerhin bis ins dritte Jahrtausend. Doch im Juli 2005 fuhr der letzte Schmalspurgüterzug in den Fabrikhof, die Maschinen der Fabrik wurden stillgelegt. Aber bereits im Jahr 2003 hatte die neu gegründete private *St. Kitts Scenic Railway* damit begonnen, Touristenzüge auf der Schmalspurbahn zu fahren. Heute befahren die Touristenzüge täglich einen 30 km langen Streckenabschnitt von Basseterre bis zum Bahnhof La Valle und, kombiniert mit Busabschnitten, geht es rund um die Insel. Die ehemalige Zuckerrohrbahn nennt sich heute auch `Last Railway in the West Indies´.

Das Zugunglück von Kendal

Eines der schlimmsten Zugunglücke Amerikas (254 Tote) ereignete sich auf einer Insel, auf der es heute überhaupt keinen Schienenverkehr mehr gibt. An einem Sonntag im September 1957 war ein Dieselzug mit 12 hölzernen Passagierwaggons auf dem Rückweg von Montego Bay in die jamaikanische Hauptstadt Kingston. Neben regulären Fahrgästen, überwiegend Mitglieder einer katholischen Reisegruppe, waren in Montego Bay zahlreiche Taschendiebe zugestiegen. Mit 1600 Reisenden war der Zug völlig überfüllt, als kurz vor Mitternacht beim Ort Kendal der Lokführer mit drei schrillen Signaltönen signalisierte, dass er die Kontrolle über den Zug verloren hatte, wenige Minuten bevor dieser entgleiste. Über 200 Fahrgäste verloren ihr Leben, 700 wurden verletzt.

San Juan, Puerto Rico

Puerto Rico hatte einst ein Schienennetz von immerhin 500 km, welches die Küstenorte gut erschloss. San Juan, die Hauptstadt der Insel, hatte einen stattlichen zweiflügligen Bahnhof mit Uhrturm in der Mitte und Straßenbahnen auf dem Vorplatz. Doch nach dem 2. Weltkrieg ging es durch die Straßenkonkurrenz mit der Bahn rasch bergab und bereits 1953 wurde der Eisenbahnpersonenverkehr auf der Insel eingestellt. San Juans Bahnhof verfiel, Scheiben wurden eingeschlagen, dem Turm kam die Uhr abhanden, schließlich rückten Abrissbagger an.

Der Bahnhof von Jimenez

Am 7. November 1944 fanden in Puerto Rico Wahlen statt. Zug Nummer 3 fuhr an diesem Tag mit vielen Fahrgästen, die zum Wählen in ihre Heimatgemeinden reisten, von San Juan nach Ponce. Im Bahnhof Jimenez hielt der Zug und wechselte routinemäßig mit dem entgegenkommenden Zug den Lokführer. Doch der neue Lokführer hatte zwar Erfahrungen mit Güterzügen, jedoch noch keinen Personenzug gefahren. Um 2 Uhr morgens fuhr der Zug mit seinen 6 Waggons aus dem Bahnhof, um in ein Tal hinunter zu fahren. Doch bald hatte er zu hohe Geschwindigkeit und schließlich entgleiste er unten im Tal. Die Lokomotive stürzte in einen Graben und ein Güterwaggon schob sich in einen Personenwagen. 16 Personen starben bei diesem schlimmsten Bahnunglück in der Geschichte Puerto Ricos.

4. Südamerika

In Südamerika gibt es nur noch wenig Schienenpersonen-fernverkehr, der meist eher touristische Bedeutung hat. Im Fernverkehr dominieren Busse, im flächenmäßig ausgedehnten Brasilien ist zudem das Flugzeug wichtig. Zu den Ländern mit (bescheidenem) Schienenfernverkehr gehören Peru, Chile und besonders Argentinien (etwa 8 Milliarden Personen-km pro Jahr), das einst ein dichtes Eisenbahnnetz hatte. In Venezuela helfen heute Ölgelder bei der Wiedereinrichtung eines bescheidenen Fernverkehrsnetzes, Ähnliches zeichnet sich in Ecuador ab. Erdbeben, Tropenstürme und Erdrutsche führen in vielen Ländern allerdings immer wieder zu Rückschlägen.

Argentinien und Brasilien sind die einzigen Länder in Lateinamerika, die den Bau von Hochgeschwindigkeits-strecken erwägen (Buenos Aires-Cordoba, Saõ Paulo-Rio de Janeiro).

In Brasilien ist zudem der Schienengüterverkehr bedeutsam. Das Land verfügt über große Erzvorkommen und für den Erztransport werden sogar neue Bahnlinien angelegt. Im Süden des Landes werden zudem Agrargüter per Schiene (Kaffee, Sojabohnen) zu den Exporthäfen transportiert.

Durch die Verstädterung und die zunehmenden Staus ist der Schienenverkehr in Städten heute im Aufschwung und mittlerweile werden in größeren Agglomerationen Vorort-bahnen ausgebaut und die Eisenbahn tastet sich damit wieder ins Umland vor. Davon profitieren teilweise auch die verbliebenen Bahnhöfe der großen Städte. Am ehesten kann man noch in Buenos Aires von einer bestehenden Bahnhofskultur sprechen. Aber auch São Paulo weist noch prächtige Bahnhöfe auf, die allerdings nur noch im Nahverkehr und durch eine Art S-Bahn genutzt werden.

Schöne Bahnhöfe gibt es zudem in den Großstädten Kolumbiens und in Chile.

4.1 Kolumbien

Kolumbien war aufgrund seiner schwierigen Topographie nie ein bedeutendes Eisenbahnland. Wichtige Städte des Landes, wie Bogota, Medellin und Cali liegen in den Bergen und dabei noch auf verschiedenen Höhenzügen, was die Überwindung großer Höhenunterschieden und eine Eisenbahnverbindung schwierig macht. Die Eisenbahngeschichte des Landes ist dennoch nicht uninteressant. Sie beginnt 1855 in Panama mit der ersten transkontinentalen Eisenbahnlinie der Welt, denn Panama gehörte damals noch zu Kolumbien. Erst in den 1880er Jahren wurden im Hafen von Barranquila die ersten Scheinen des heutigen Kolumbiens verlegt. Da lange der Rio Magdalena Haupttransportachse war, kam es erst in den 1950er Jahren zu einem zusammenhängenden kleinen Eisenbahnnetz im Lande. Doch wenige Jahrzehnte später begannen bereits Stilllegungen im Personenverkehr. Die Sicherheitslage mit Rebellentruppen, die weite Teile des Landes kontrollierten, gab dem Schienenpersonenverkehr in den 1990er Jahren den Rest. Heute gibt es nur noch einzelne Touristenzugstrecken, ein Ausbau des Schienenverkehrs im Raum Bogota ist aber geplant. Trotz des kleinen Bahnnetzes gibt es in den großen Städten interessante Bahnhofsgebäude, so besonders in Bogota und Medellin.

Bogota-Estación de la Sabana und die Tauben

Der repräsentative Hauptbahnhof von Bogota (Estacion de la Sabana; Sabana = Savanne; in einer solchen liegt Bogota) von Bogota der nur noch einen Touristenzug am Samstag und Sonntag aufweist, hat verschiedene Bezüge zur Vogelwelt. Zum einem ist das in neoklassischem Stil gehaltene, 1924 fertig gestellte Empfangsgebäude von einem riesigen Kondor gekrönt. Dieser ist der Wappenvogel

Kolumbiens. Während der englische Architekt William Lidstone das Empfangsgebäude entworfen hatte, zeichnete für die Bahnanlagen ein amerikanischer Architekt namens Adler Verantwortung. Die Fassade des Empfangsgebäudes bietet wiederum Tauben Landeplätze, die sich allerdings in gebührendem Abstand vom steinernen Kondor niederlassen. Und Tauben haben ja auch mit Kolumbien zu tun, denn das Land ist nach dem Amerikaentdecker Kolumbus benannt, und im Lateinischen bedeutet *columbus* wiederum die Taube.

Bogota- Usaquen

Von Bogota fahren am Wochenende Touristenzüge vom Sabana-Bahnhof über den Vorortbahnhof Usaquen nach Zapaquira, wo es eine Salzkathedrale zu besichtigen gibt.

Der Bahnhof Usaquen erinnert mit seinem ordentlichen grün-weißen Anstrich, der Höhenangabe an der Fassade und den Blumenkästen vor den Fenstern an einen Schweizer Kleinstadtbahnhof. Architekturvorbild waren jedoch eher belgische Provinzstationen. Und dadurch, dass er wie eine Insel zwischen zwei Straßen vor einem Einkaufszentrum eingeklemmt ist, ist er auch irgendwie wieder ein typischer amerikanischer Bahnhof.

Medellin

Kolumbiens wenige Bahnlinien wuchsen erst in den 1950er Jahren zu einem zusammenhängenden Netz zusammen (das schon bald durch Stilllegungen wieder zerrissen wurde), denn lange waren sie auf den Fluss Rio Magdalena als Haupttransportachse ausgerichtet. Wichtige Städte im Landesinneren liegen zudem auf unterschiedlichen Gebirgszügen und konnten per Eisenbahn nur unter Überwindung großer Höhenunterschiede verbunden werden. Medellin kam so erst 1914 zu einem Bahnhof, der allerdings in französisch-neoklassischem Stil repräsentativ ausfiel. Doch bereits 1981 wurde er stillgelegt. Heute beherbergt er ein Kunstmuseum.

⊙ **Cali**

Am 7. August 1956 explodierten am alten Bahnhof von Cali aus nie geklärten Ursachen 7 Lastwagen der kolumbianischen Armee, die 42 Tonnen Dynamit geladen hatten. Mehr als tausend Leute starben bei der Explosion, das Bahnhofsgebäude wurde völlig zerstört. Der Neubau des Empfangsgebäudes wurde vom örtlichen Maler Hernando Tejada (1924-1998) mit zahlreichen Wandgemälden geschmückt und steht deshalb heute auf der Liste der kolumbianischen Nationaldenkmäler.

Manizales

Die kolumbianische Stadt Manizales, in einem Kaffeeanbaugebiet am Osthang der Zentralkordilleren gelegen, hatte einst die längste Transportseilbahn der Welt. Denn der Kaffee musste über einen Bergrücken zum über 2000 Meter tiefer gelegenen Flusshafen Mariquita transportiert werden. Weil der Erste Weltkrieg wütete, kam einer der in Europa gebauten tragenden Masten nicht an: das Transportschiff wurde von einem deutschen U-Boot versenkt. 1916 wurde die Seilbahn eröffnet. Zeitweise wurde die Seilbahn sogar für den Personenverkehr benutzt. In Manizales erinnert noch ein denkmalgeschützter Mast an das einstige Verkehrsmittel. Heute erleben Seilbahnen in Kolumbien eine Renaissance. In Medellin und in Manizales werden Seilbahnen mittlerweile als Nahverkehrsmittel eingesetzt.

Zu einem Bahnhof kam Manizales erst in den 1920ern. Weil der Kaffeeboom für nötige Mittel sorgte, sollte das Gebäude repräsentativ ausfallen. Irgendwie erinnert es an den Julio Prestes Bahnhof von São Paulo, der ebenfalls in Kaffeeboomzeiten konzipiert wurde. Doch war Manizales´ Bahnhof nur über eine Stichstrecke angebunden und bald ging es mit dem Schienenverkehr ohnedies bergab. Heute liegen am Bahnhof keine Gleise mehr, im Empfangsgebäude hat sich mittlerweile eine Universität eingerichtet.

⊙ Aracataca und Garcia Marquez

Der berühmte kolumbianische Schriftsteller Garcia Marquez wurde in der kleinen Stadt Aracataca geboren. In seinen Büchern hat er die Stadt als Macondo verewigt. Aracataca besitzt auch einen kleinen Bahnhof, in welchem schon seit langem keine fahrplanmäßigen Züge mehr halten. Im Mai 2007 rumpelte jedoch ein alter Zug, `der gelbe Zug von Macondo' durch die Küstenprovinz und hielt lange im Bahnhof. Im Zug saßen Garcia Marquez und seine Frau Mercedes Barca und winkten aus dem Fenster. Marquez lebt in Mexiko Stadt und war seit 25 Jahren nicht mehr in seinem Heimatort gewesen. Doch 2007 wurde in Kolumbien zum Marques Jahr ausgerufen und der Schriftsteller in sein Heimatland eingeladen.

⊙ 'Train of Ice and Fire' im Bahnhof von Aracataca

Bereits mehr als 10 Jahre vor Marquez hatte der Bahnhof von Aracataca illustre Gäste. Denn im Jahr 1993 war die 1987 gegründete französische Band *Mano Negra* auf Tour in Südamerika. In Kolumbien wollte man ein Zeichen der Hoffnung in dem durch Gewalt zerrissenen Land setzen. Manu Chao, der aus Spanien stammende Leadsänger der Band, hatte die Idee, mit einer Künstlertruppe in einem umgebauten Personenzug das Land zu bereisen und der Bevölkerung an den Bahnhöfen entlang des Weges kostenlose Konzerte zu geben. In der Hafenstadt Santa Marta, Ausgangspunkt der Bahnlinie nach Bogota, ging es los. Doch bereits in Aracataca löste sich die Gruppe von etwa 100 Musikern, Akrobaten und Künstlern weitgehend auf und Manu Chao musste mit einer handvoll Entschlossener die Reise nach Bogota fortsetzen.

4.2 Venezuela

Die linkspopulistische Regierung unter Präsident Hugo Chavez gefällt sich darin, die Ölgelder für medienwirksame öffentliche Projekte auszugeben. Immerhin profitiert davon auch die Eisenbahn und Venezuela, das nie ein großes Eisenbahnland war, hat mittlerweile wieder Eisenbahnpersonenverkehr, zumindest, was den städtischen Nahverkehr betrifft. Auch der innerstädtische Verkehr profitiert von neuen U-und Stadtbahnlinien.

Caracas Simon Bolivar Bahnhof

Der in Caracas geborene Unabhängigkeitskämpfer Simon Bolivar (1783-1830) gilt in Venezuela als Nationalheld, ja fast als Nationalheiliger. Die Währung heißt Bolivar, das Land nennt sich seit 2001 bolivarischer Republik und ein Portrait Bolivars findet sich in allen Amtsstuben.

Kein Wunder, dass, als im Jahr 2006 eine neue Vorortbahnverbindung ins 41 km entfernte Cua eröffnet wurde, der neue Endbahnhof in Caracas *Freiheitskämpfer Simon Bolivar Bahnhof* genannt wurde.

Nicht nur der Bahnhof von Caracas nimmt in seinem Namen Bezug auf Bolivar und dessen Leben. Ein anderer Bahnhof der Linie nach Cua wurde nach Bolivars Schullehrer *Don Simon Rodriguez* benannt.

Barquisimetos Transbarca

Auch die im Westen Venezuelas gelegene Großstadt Barquisimeto wird bald einen Simon Bolivar Bahnhof bekommen. Dabei gibt es dort noch nicht einmal einen Anschluss ans Schienennetz. Doch der ist in Bau, ebenso wie die große intermodale Zentralstation Transbarca, die den Bahnverkehr mit dem städtischen O-Bus-Verkehr verknüpfen wird.

4.3 Brasilien

Bundesstaat São Paulo

São Paulo Estacão da Luz - der britische Bahnhof

São Paulo liegt auf einem Hochplateau, das steil zur Küste abfällt. Deshalb musste die erste Bahnlinie zum Hafen Santos mit Zahnrädern ausgestattet werden. Sie wurde von einem schottischen Ingenieur entworfen und von einer britischen Gesellschaft betrieben, der *São Paulo Railways* (SPR). Auch der 1901 eröffnete Endbahnhof der Linie im Stadtteil da Luz in São Paulo wurden von den Briten erbaut. Dabei wurden sämtliche Materialien, sogar die Schrauben, aus Schottland importiert. Im September 1946 wurde die Bahngesellschaft verstaatlicht. Kurz zuvor brannte das Bahnhofsgebäude einschließlich des darin befindlichen Archivs der SPR aus. Brandstiftung wird vermutet, ein Interesse der SPR, Unterlagen zu vernichten.

São Paulo Bahnhof da Luz (Quelle: Wikipedia)

São Paulo Julio Prestes - der französische Bahnhof

Die Tatsache, dass der Bau des Bahnhofs da Luz aus-schließlich durch Briten erfolgte, verletzte die Brasilianer in ihrem Nationalstolz. Als eine weitere Bahngesellschaft, die Sorocabana-Eisenbahn, in São Paulo einen Bahnhof plante, wollte man deshalb den da Luz-Bahnhof mit einem von Brasilianern erbauten Gebäude in französischem Stil über-treffen. Auch der Uhrturm sollte noch höher werden als der des Konkurrenten. Die neuen New Yorker Bahnhöfe Grand Central und Penn Station lieferten zusätzliche Inspiration und der Kaffeeboom die notwendigen Finanzmittel. Mit dem Bau wurde schließlich 1926 unweit der da Luz-Station begonnen, doch 1929 führte die Weltwirtschaftskrise dazu, dass das Projekt abgespeckt werden musste. Die geplanten wuchtigen Tonnenkupferdächer wurden nie verwirklicht, der Bahnhof schloss mit einem Flachdach ab. Der große Innenhof blieb ganz ohne Dach, hier regnete es auf die dort aufgestellten Palmen. Als der Julio Prestes-Bahnhof schließlich 1938 eröffnet wurde, hatte die Eisenbahnepoche bereits ihren Höhepunkt überschritten und die Konkurrenz durch Kraftverkehr und Flugzeuge wurde nach dem Krieg immer stärker. In den neunziger Jahren wurde schließlich der gesamte Eisenbahnfernverkehr Brasiliens stillgelegt und der Julio Prestes-Bahnhof zu einem Nahverkehrsbahnhof. Die prächtige Innengestaltung mit Säulen, Kaffeepflanzen-ornamenten in den Fenster- und Bodenmosaiken führte zu der Entscheidung, den Bahnhof für kulturelle Nutzungen zu erhalten. Nach einer Totalsanierung wurde im Bahnhof ein Konzertsaal, angeblich der beste Südamerikas, für das Sinfonieorchester des Staates São Paulo eingerichtet. Eine komplizierte Schallisolierung mit Gummibettung und Dreifachverglasung sorgt dafür, dass Aufführungen nicht durch Eisenbahnlärm gestört werden.

São Paulo Estaçao Bras (Roosevelt Station)

São Paulo hat einen Bahnhof in englischem Stil (da Luz), einen französischen (Julio Prestes) und bekam mit dem Roosevelt Bahnhof schließlich noch einen im amerikanischen Art Deco-Stil gestalteten Bahnhof. Doch nach Umbauten blieb vom Originalstil nicht mehr viel übrig. Roosevelt ist heute Teil des Bahnhofskomplexes Bras, welcher mit seiner brutalistischen Betonarchitektur wiederum fast schon als typisch brasilianischer Bahnhof gelten kann. Durch seine Verknüpfung mit einer wichtigen U-Bahnlinie ist Bras heute wohl der aufkommensstärkste Bahnkomplex Brasiliens.

Santos

Der Bahnhof von Santos am Küstenende der Strecke nach São Paulo hatte angeblich die Victoria Station in London als Architekturvorbild. Doch ähnelt er dieser nur grob im Aufbau, er weist sonst eher französische Stilelemente auf.

Mauá - die erste Fahrradstation Lateinamerikas

Adilson Alcantara, der Bahnhofsvorsteher von Mauá, einem Vorortbahnhof in der Agglomeration São Paulo, beobachtete, dass immer mehr Fahrräder am Bahnhof geparkt wurden und zunehmend den Zugang behinderten. Im Jahr 2001 beschloss er deshalb, den Verein *Ascobike* zu gründen und für dessen Mitglieder eine bewachte Fahrradabstellanlage am Bahnhof einzurichten. Mittlerweile gibt es über 2000 Nutzer pro Tag und die erste Radstation Lateinamerikas ist gut ausgelastet.

Paranapiacaba und der Uhrturm

Im Jahre 1856 bekam die sich in britischen Besitz befindliche Eisenbahngesellschaft *São Paulo Railway* Company eine Konzession für den Bau einer Bahnlinie vom Hafen

Santos zum 70 km nördlich von São Paulo gelegenen Kaffeeanbaugebiet Jundai. Paranapiacaba, 40 km südöstlich von São Paulo gelegen, wurde als Betriebssitz festgelegt. Hier waren zeitweise über 1000 Arbeiter stationiert, darunter viele Briten. Es war die letzte Station, bevor es über eine Zahnradstrecke steil die Küste hinunterging. Im 800 Meter über dem Meer gelegenen Hochplateau, auf welchem auch São Paulo liegt, gibt es häufig Nebel und das Klima ist deutlich kühler als an der Küste. Die Briten mussten sich hier also wie zuhause gefühlt haben. Dazu beigetragen hat auch der Bahnhofsturm, eine Replik des Big Ben-Turms von London. Vom Empfangsgebäude ist heute nichts mehr übrig geblieben, aber die seltsame Big Ben-Kopie steht in Paranapiacaba immer noch an den Gleisen.

Campos do Jordão und Abernessia

170 km nordöstlich von São Paulo liegt auf 1628 m Höhe die Stadt Campos do Jordão. Wegen der gesunden Bergluft wurde hier bereits 1874 eine Lungenklinik eröffnet. Weil der Transport auf dem Rücken von Pferden für die Kranken anstrengend war, wurde 1912-1914 eine 47 km lange Meterspurbahn von der Talstadt Pindamonhangaba den Berg hinauf gebaut. Diese Kleinbahn wird heute hauptsächlich von Touristen genutzt. Sie erreicht mit einem Scheitelpunkt von 1743 m den höchsten Punkt aller Eisenbahnlinien des Landes. Trotz Steigungen von über 10% werden keine Zahnstangen eingesetzt. Auf der Strecke liegt der Bahnhof Abernessia. Dieser Name ist eine Kombination der schottischen Städtenamen Aberdeen und Inverness, denn die Geldgeber für den Bau der Bahn kamen aus Schottland. In Campos do Jordão selbst tragen das kühle Bergklima, die Häuser im Fachwerkstil und die Bahninfrastruktur mit Straßenbahnen, Kleinbahnen und einem

Bahnhof zum für brasilianische Touristen reizvollen Gefühl bei, hier schon ein wenig in Europa zu sein.

Campinas und die Kirche

Die Architektur historischer Bahnhöfe ähnelt oft derjenigen von Kirchengebäuden. Beim Empfangsgebäude des Bahnhofs von Campinas scheint es sogar so, als ob man eine Kirche direkt in die Fassade gesetzt hätte, so sehr wurden hier Elemente eines Kirchengebäudes 1:1 übernommen. In den 1980er Jahren hätte man den kirchlichen Segen auch brauchen können, denn damals stürzte das Metallvordach über dem Bahnsteig ein, nachdem einer der Pfeiler von einer herausragenden Stange eines ungünstig beladenen vorbeifahrenden Güterzugs zum Einsturz gebracht wurde. Heute findet sich im Empfangsgebäude ein Kulturzentrum, der letzte Personenzug fuhr bereits 2001 aus dem 1872 erbauten Bahnhof.

Caieiras und der russische Zar

Caieiras ist eine Stadt im Bundesstaat São Paulo, deren Bahnhof an das S-Bahnnetz von São Paulo angeschlossen ist. Der 1897 erbaute Bahnhof gehörte einst zur im englischen Besitz befindlichen São Paulo Railway. Einst ging vom Bahnhof eine Transportstandseilbahn ab, auf welcher Kalkstein transportiert wurde. Da die Briten damals auch den Bahnhof bauten, weist er englische Stilelemente auf, wie gusseiserne Säulen der Bahnsteigdächer.

In der Stadt wird folgende Anekdote erzählt: die Engländer wollten den Bahnhof einst an die Russen verkaufen, doch der Zar hatte kein Geld. So kam er nach Brasilien.

Brasilias wenig genutzter Bahnhof

Die Verlagerung der Hauptstadtfunktion von Rio de Janeiro nach Brasilia war das Lebenswerk des brasilianischen Präsidenten Juscelino Kubitschek. Vorausgegangen war eine Vision des italienischen Priesters Don Bosco (später heilig gesprochen), der geträumt hatte, im Hinterland Brasiliens würde eine futuristische Stadt entstehen. Stadtplaner Brasilias war Lucia Costa, Hauptarchitekt Oscar Niemeyer (1907-2012). Brasilia wurde 1956 bis 1960 in nur 41 Monaten gebaut, hatte den Grundriss eines Flugzeuges und war von Anfang an eine autogerechte Stadt (eine U-Bahn bekam die Stadt erst 2001), mit breiten Straßen und einer Trennung der Funktionen von Wohnen und Arbeiten, wie sie die *Charta von Athen* vorgesehen hatte.

Der Bau des von Oscar Niemeyer entworfenen Bahnhofs von Brasilia wurde erst anderthalb Jahrzehnte nach der Einweihung der Stadt angegangen. 1977 wurde der Bahnhof eröffnet, aber zu dieser Zeit ging es mit dem Eisenbahnverkehr in Brasilien bereits bergab. Anfang der 1990er Jahre fuhr denn auch schon der letzte Personenzug aus dem Bahnhof. Heute spiegelt der Bahnhof die Verkehrssituation in Brasilien: Güterzüge fahren hier noch ab (der Eisenbahngüterverkehr in Brasilien ist bedeutsam und wächst), während der Personenverkehr durch einen Busbahnhof am Empfangsgebäude abgewickelt wird.

Goiania und der Art Deco-Bahnhof

Unweit von Brasilia liegt die Stadt Goiania, Hauptstadt des Bundesstaates Goiás. Vielleicht hätte es Brasilia nie gegeben, wäre im Oktober 1933 nicht Goiania als völlig neu geplante Hauptstadt des Bundesstaates gegründet und in den folgenden Jahren als planmäßig angelegte Stadt aus dem Boden gestampft worden. Die ersten Gebäude der Stadt waren vom damals vorherrschenden Art Deco-Stil beeinflusst worden und stehen mittlerweile unter Denkmalschutz. Zu diesen Gebäuden gehört auch der 1950 errichtete und in den 1980ern stillgelegte Bahnhof der Stadt mit seinem markanten Uhrturm.

Rio - Central do Brasil

Der Hauptbahnhof von Rio de Janeiro, *Central do Brasil*, war im Jahre 1998 in aller Munde. Denn in diesem Jahr kam der Film *Central do Brasil* des brasilianischen Regisseurs Walter Salles (*1956) mit großem Erfolg in die Kinos. Er handelt von einer ehemaligen Lehrerin, die am Bahnhof ein Schreibbüro für Analphabeten betreibt, die für diese geschriebenen Briefe aber nie abschickt.

Rio - Estaçao de Maua

Neben dem Bahnhof Central do Brasil bestand in Rio ein weiterer Kopfbahnhof der Leopoldina-Bahnhof, der nach dem Erbauer der ersten Bahnlinie Brasiliens, die 1854 zwischen Rio und Petropolis errichtet wurde und vom Bahnhof bedient wurde, später Baron Maua-Bahnhof genannt wurde. Im Jahr 2001 endete im 1926 erbauten Bahnhof allerdings der Personenverkehr, 2004 wurde das Empfangsgebäude geschlossen.

Belo Horizonte und sein Bahnhofsturm

Belo Horizonte (die Brasilianer sagen auch BH oder Beaga) hieß ursprünglich Curral Del Rey und später Cidade de Minas, bevor die Stadt ihren heutigen Namen annahm. Auch Bahnhofsgebäude hatte die Stadt bereits verschiedene. 1895, der Ort war noch sehr klein, gab es erst ein kleines Holzgebäude. Dieses wurde schließlich Anfang des 20. Jahrhunderts durch ein Empfangsgebäude mit neogotischem Turm, der demjenigen des Prager Rathauses ähnelte und die erste öffentliche Uhr der Stadt trug, ersetzt. 1922 wurde ein neues Bahnhofsgebäude mit kleinerem Turm aber breiter ausladendem Gebäude im Barockstil eingeweiht. Dieses gibt es noch heute, doch mittlerweile findet sich darin ein Kunstmuseum. Am Bahnhof fahren heute mehr Züge vorbei denn je, denn die städtische Bahnlinie ist zu einer S-Bahn ausgebaut worden.

Blumenau - der Fachwerkbahnhof

Die von deutschen Einwanderern unter Leitung des Apothekers Hermann Blumenau 1850 gegründete Stadt Blumenau war einst so von deutscher Kultur geprägt, dass sogar der Bahnhof im Fachwerkstil gebaut wurde. Das Empfangsgebäude wurde jedoch später durch ein unscheinbares Häuschen mit Anklängen an den Art Deco-Stil ersetzt, welches heute als Wohnhaus genutzt wird. Etwas ist von der deutschen Kultur in Blumenau jedoch übrig geblieben - das größte Oktoberfest der Welt außerhalb Münchens.

Rolandias wechselnder Name

Auch die Stadt Rolandia im Bundesstaat Parana ist von deutschen Einwanderern geprägt. 1936 wurde hier ein Bahnhof eröffnet, die Stadt hieß damals noch *Caviuna*. Bald wuchs die Stadt durch Deutsche, die dem Nationalsozialismus entflohen waren und Bahnhof und Stadt wurden in *Rolandia* umbenannt. Durch den Zweiten Weltkrieg war das Deutschtum in Brasilien nicht mehr so wohl gelitten und die Stadt wurde 1943 wieder in *Caviuna* umgetauft. 1947 wurde sie jedoch wieder in *Rolandia* umbenannt. 1957 schließlich spendeten Bremer Kaffee-Unternehmer dem Ort eine Nachbildung der Bremer Roland-Statue. Der 30er Jahre Bahnhof der Stadt, der in kurzer Zeit viele Umbenennungen sah, ist mittlerweile durch einen kleine unauffälligen Betonstation ersetzt worden, die gar keinen Namen mehr trägt, denn Personenzüge halten hier eh keine mehr.

Porto Velho und die Madeira-Mamoré-Bahn

Um bolivianische Gummiplantagen erschließen zu können, wurde von 1907-1912 entlang eines durch Stromschnellen und Wasserfälle nicht schiffbaren Flussabschnittes am Rio Madeira im Westen Brasiliens eine Eisenbahnlinie gebaut, die Madeira-Mamoré-Eisenbahn. Mehr als 3000 Menschen kamen bei ihrem Bau ums Leben, deshalb der Beiname *Devil's Railway*. Doch bereits ein Jahr nach ihrer Eröffnung war sie durch den Verfall der Gummipreise und den Bau einer Linie von Bolivien zum Pazifik unwirtschaftlich geworden. 1972 wurde dieser nicht mit dem übrigen Netz verbundene Eisenbahninselbetrieb schließlich stillgelegt. Im Jahr 2000 kam durch einen Erdrutsch auch der sonntägliche Dampfloktouristenverkehr zum Erliegen. Seither ist die Bahnhofsgegend zu einem Brennpunkt von Kriminalität und Prostitution geworden und Bahnfahrzeuge wurden vandalisiert. Doch brasilianische und internationale Vereinigungen von Eisenbahnfreunden setzen sich für eine Wiederinbetriebnahme als Museumsbahn ein.

Cachoeira

Cachoeira ist eine Stadt am Paraguaçu-Fluss im Bundesstaat Bahia. Da der Stadtkern nahe am Fluss liegt und keine Brücke auf die andere Flussseite nach Saõ Felix führte, war der Bahnhof ursprünglich als Kopfbahnhof angelegt worden. Doch eines Tages wurde eine Brücke gebaut, die in den Bahnhofsvorplatz mündete und auf der auch Schienen verlegt wurden. Wie konnte man nun bei den engen Platzverhältnissen die Schienen auf der Bahnhofsrückseite mit der Brücke verbinden? Schließlich fand man eine Lösung: man durchbohrte die Fassade des Empfangsgebäudes und so fahren Züge durch den Bahnhof hindurch, um zum Vorplatz und zur Brücke zu gelangen (ein Wendemanöver ist jedoch nötig).

4.4 Andenstaaten

Lima Desamparados

Der Bahnhof von Lima heißt nach dem ehemaligen Jesuitenkonvent Nuestra Senora de Desamparados, *Estación Desamparados*, zu Deutsch *Bahnhof der Hilflosen*. So könnte mancher deutsche Bahnhof genannt werden, wenn alle Schalter geschlossen sind und Automaten nur leidlich funktionieren. Doch in diesem Bahnhof, der auch als Kulturzentrum genutzt wird, gibt es keine Automaten, denn nur einmal pro Woche fährt ein Touristenzug in die Andenstadt Hunacayo ab. Auch gibt es heute nur noch ein Gleis, so dass es keine Probleme bereiten dürfte, den richtigen Zug zu finden.

Anders als in den anderen Andenstaaten ist die 364 km lange Strecke in Normalspur angelegt. In den 1850er Jahren hatte der polnische Ingenieur Malinowski kühne Pläne für eine Bahn in die Anden gemacht, durch die Einnahmen aus dem Export des Guano-Düngers waren in Peru plötzlich die notwendigen Mittel vorhanden und im amerikanischen Unternehmer Henry Meiggs war die Entschlossenheit verkörpert, das Projekt auch durchzuziehen. Meiggs meinte, `wo immer auch Llamas laufen, kann ich auch Gleise verlegen'.

Galera, der hoch gelegene Bahnhof

Der an der Zentralandenbahn gelegene Bahnhof Galera liegt 4781 m über dem Meeresspiegel und galt einst als am höchsten gelegener der Welt. Heute gibt es jedoch in Tibet eine Station die auf 5068 m liegt. Von 1992-2003 war der Bahnhof außer Betrieb, denn die terroristische Gruppe *Sendero Luminoso* war in der Gegend aktiv. Dort gab es damals also nicht nur dünne Luft, sondern auch dicke.

Der Bahnhof von Machu Picchu

Die spektakuläre Inka-Stadt Machu Picchu kann am besten mit dem Zug erreicht werden. 92% der jährlich 400 000 Besucher reisen deshalb von Cuzco mit der 914 mm-Schmalspurzug Bingham Express an. Dieser ist nach dem amerikanischen Archäologen Hiram Bingham (1875-1956) benannt, dem Wiederentdecker der Ruinenstadt. Bahnstation ist *Puente Ruinas*, von wo Besucher mit dem Bus den Berg hinauf gebracht werden.

Quito-Chimbacalle

Im Juni 1908 schlug America Alfonso, Tochter des Präsidenten Eloy Alfaro, einen goldenen Nagel in den letzten Schienenmeter im Bahnhof Quito-Chimbacalle ein. Die von der Küstenstadt aus gebaute Bahnlinie in die Anden hatte endlich die über 2800 Meter hoch gelegene ecuadorianische Hauptstadt erreicht. Doch besonders intensiv war der Bahnverkehr nicht. Nur dreimal die Woche fuhr ein Zug an die Küste. Anlässlich der 100-Jahr-Feier der Eröffnung wurde der Bahnhof 2008 saniert und in *Eloy Alfaro-Bahnhof* umbenannt. Auch eine Büste Alfaros wurde aufgestellt. Eine Besonderheit des Bahnhofs ist die Wendeschleife. Der Bahnsteig liegt seitlich an der Schleife und Züge können ohne Lokwechsel in den Bahnhof hinein- und wieder herausfahren.

Riobamba und die Teufelsnase

An der heute unterbrochenen Bahnlinie von Quito zur Küste liegt auch die berühmte `Teufelsnase´ mit ihren 4 Spitzkehren, die mit Touristenzügen vom Bahnhof Riobamba aus (2754 m) über Alausi (2360 m) am Berg zur Talstation Sibambe (1806 m) hinunter befahren wird. Dieser Abschnitt galt einst als `schwierigste Bahnlinie der Welt´.

Punos Eisenbahnfähre

In Peru gab es einst sogar eine internationale Eisenbahn-fähre, die auf zwei Spurweiten ausgerichtet war. Ausgangspunkt auf peruanischer Seite war die Stadt Puno am Titicaca-See. Dort kamen die Normalspurgleise aus dem peruanischen Hinterland an. In Guaqui auf bolivianischer Seite ging der Bahnverkehr jedoch in Meterspur weiter.

Bolivien

La Paz, Estación Arica

Bolivien leidet unter dem Trauma mehrfachen Gebiets-verlustes an stärkere Nachbarstaaten. Besonders schmerz-lich ist für die Bolivianer, dass 1904 der Zugang zum Meer an Chile verlorenging. Noch heute werden in Bolivien Soldaten für eine nicht vorhandene Marine ausgebildet. Allerdings verpflichtete sich Chile, Boliviens Zugang zum Meer durch den Ausbau der Bahnlinie Arica-La Paz zu erleichtern. In La Paz wurde entsprechend im Jahr 1913 der Arica-Bahnhof eröffnet. Doch das Verkehrsaufkommen sank in den letzten Jahren. Im Frühjahr 2008 wurde beschlossen, den sanierungsbedürftigen Bahnhof stillzu-legen und zu einem Museum umzubauen.

Santa Cruz de la Sierra

Überraschenderweise ist das relativ arme Bolivien eines der wenigen lateinamerikanischen Länder, die noch Eisen-bahnfernverkehr aufweisen. Die Stadt Santa Cruz de la Sierra verfügt sogar über einen modernen, 2001 eröffneten kombinierten Eisenbahn-Busbahnhof (*Terminal Bimodal*). Vom Bahnhof der Stadt gibt es sogar Verbindungen in zwei Richtungen - nach Osten (Brasilien) und nach Süden Richtung Argentinien. Allerdings sind die Gleise so schlecht, dass der Zug von Santa Cruz nach Quijarro an der Grenze zu Brasilien auch als `Todeszug´ bekannt ist.

4.5 Uruguay und Paraguay

Montevideo - der Nostalgiebahnhof

Montevideo, die Hauptstadt von Uruguay, wird manchmal auch als *BA minus LA* bezeichnet. Denn in ihrer Architektur ähnelt sie Buenos Aires, ist aber nicht so ausgedehnt wie LA (Los Angeles). Uruguay hat ja nur 3 Millionen Einwohner und obwohl 40% der Bevölkerung in der Agglomeration Montevideo leben, ist die Stadt deshalb kein Moloch wie andere lateinamerikanische Ballungsräume, sie erinnert in ihren Strukturen vielmehr an eine europäische Stadt. Montevideo hat zudem einen der schönsten Hauptbahnhöfe Lateinamerikas, ein Gebäude, das an ein französisches Schloss erinnert. Es gibt, was in der Region nicht selbstverständlich ist, sogar noch Zugverkehr im Bahnhof. Doch der Bahnhof verfällt immer mehr. Denn gewisse Bauwirtschaftsinteressen haben durchgesetzt, dass ein Bahnhofsneubau die Verkehrsfunktion des zentral gelegenen Bahnhofs übernimmt, um das Gleisfeld für Immobilienprojekte, darunter Hochhäuser, frei zu bekommen. Doch die Bevölkerung hängt am alten Bahnhof und der neue Bahnhof Apeardo in Allerweltsarchitektur 500 m vom alten entfernt errichtet, ging erst mit Verzögerung in Betrieb. Die Durchmesser der Gleisbögen waren zu gering und die Gleise lagen zu nahe an den Bahnsteigen. Dass hier die Verlegungspläne von den Bahnern heimlich sabotiert wurden ist, angesichts der Sentimentalität bezüglich des alten Bahnhofs, durchaus möglich.

Asuncions neogotischer Bahnhof

Der schöne neogotische Hauptbahnhof von Asuncion wurde bereits 1856 gebaut. Der Eisenbahnverkehr war allerdings nie besonders intensiv, nur eine Strecke (Asuncion-Encarnacion) war im ganzen Land in Betrieb. Heute beherbergt Asuncions Bahnhof ein Eisenbahnmuseum.

4.6 Chile

Caldera

Im kleinen Ort Caldera im Norden Chiles wurde 1850 der erste Bahnhof Südamerikas erbaut, denn es galt, örtliche Natriumnitratvorkommen (Chilesalpeter, damals ein wichtiges Düngemittel) zu erschließen. Den Bahnhof gibt es noch heute, er wurde 1999 restauriert, kann besichtigt werden und dient heute kulturellen Zwecken. Züge fahren von hier allerdings schon lange keine mehr ab. Der Bahnhof gehörte zur 1854 eröffneten Linie Caldera-Copiapó, die für die Erschließung der Bodenschätze der Atacama-Region von großer Bedeutung war. Gebaut wurde die Bahnlinie auf Initiative des Amerikaners William Wheelwright, der die *Pacific Steam Navigation Company* gründete und in Chile geschäftlich aktiv war. Er gab sogar Planungen für eine Eisenbahn von Valparaiso in Chile nach Buenos Aires in Auftrag. Doch die chilenische Regierung lehnte die Pläne als zu riskant ab.

Copiapó

Auch den an der Endstation der Linie gelegenen, 1854 eröffneten Bahnhof von Copiapó gibt es noch. Er beherbergte nach seiner Restaurierung im Jahre 1982 ein Eisenbahnmuseum. Dieses wurde 1998 geschlossen, aber zwei Dampfloks auf dem Bahnhofsplatz können immerhin noch besichtigt werden.

Santiago Alameda-Bahnhof

Ein Beispiel für den französischen Einfluss auf die Bahnhofsarchitektur Südamerikas ist neben Montevideo auch der 1885 erbaute Zentralbahnhof von Santiago de Chile, der Alameda-Bahnhof (der erste Bahnhof wurde in Santiago 1857 eröffnet). Die französische Firma Schneider baute den Bahnhof, die Bahnhofshalle wurde von Gustave Eiffel entworfen und die beiden Seitengebäude erinnern an Miniaturausgaben des Pariser Triumphbogens. Mittlerweile sind darin Einkaufszentren untergebracht. Im Bahnhof, der auch ans U-Bahnnetz der Stadt angeschlossen ist, findet weiterhin Eisenbahnverkehr statt. Von hier fahren Richtung Süden viertelstündlich Züge nach San Fernando und stündlich nach Chillian ab.

Santiago Alameda-Bahnhof

Santiago Mapocho-Bahnhof

Mit dem am gleichnamigen Fluss gelegenen Mapocho-Bahnhof, dessen Architektur vom Pariser Quai d'Orsay-Bahnhof inspiriert war, hatte Santiago einst einen weiteren Fernbahnhof. Seit 1991 befindet sich im Bahnhofsgebäude ein Kulturzentrum. Im April 2009 wurde dem Zentrum der von einer spanischen Entwicklungsagentur der Internationale Königin Sofia-Preis für den Erhalt und die Restaurierung von Kulturerbe verliehen. Der chilenische Dichter Pablo Neruda (1904-1973) schrieb einst sogar eine Ode an den Bahnhof. Der Text dieser Ode ist in der

Eingangshalle der Station ausgestellt. Die Ode endet mit den Worten ... *ich liebe dich, alte Station, die du am trüben Fluss und an der wilden Strömung des Mapocho liegst, du erzeugst mit deinen Fahrgästen deinen eigenen Fluss unendlicher Liebe.*

In der Wand der Bahnhofshalle sind die Namen von Bahnstationen südlich von Santiago eingraviert. Dabei bediente der Mapocho-Bahnhof (Bild siehe unten) eher die nördlich von Santiago gelegenen Städte.

Valparaiso-Puerto

Anders als Santiago hat die wichtige chilenische Hafenstadt Valparaiso keinen Eisenbahnfernverkehr mehr. Auch nach Santiago fahren nur Busse. Dafür sind ehemalige Eisenbahnlinien und Bahnhöfe in ein Metrosystem (Merval) integriert worden, welches im Jahr 2005 eröffnet wurde und den Eisenbahnvorortverkehr ersetzte. So wurde der ehemalige Hafenbahnhof *Valparaiso Puerto* zu einer Metrostation, von wo aus alle 15 Minuten U-Bahnzüge in die 43 km entfernte Stadt Limache fahren. Die Metro fährt weitgehend überirdisch, taucht aber im Nachbarort Vina del Mar unter die Erde. Die erste unterirdische Station heißt ausgerechnet Miramar (Blick aufs Meer).

Der Bergarbeiterbahnhof von Sewell

Die auf 2000 m Höhe in den Anden gelegene ehemalige Bergarbeiterstadt Sewell (benannt nach dem US-Amerikaner Barton Sewell, Präsident der *US Braden Copper Company*), war einst einer der wenigen Orte Südamerikas, die nur per Bahn erreicht werden konnten. Vom Bahnhof aus transportierten die Einwohner ihre Habseligkeiten mit Leiterwagen zu ihren am Berghang gelegenen Häuser. Der Ort hatte einst die größte unterirdische Kupferabbaustätte der Welt. Nach dem Ende des Bergbaus ist Sewell, das auf dem Höhepunkt der Entwicklung 15 000 Einwohner hatte, heute praktisch ausgestorben. Jedoch ist der Ort seit 2006 auf der UNESCO-Liste des Weltkulturerbes verzeichnet und sein für die Bevölkerung einst so wichtiger Bahnhof entsprechend geschützt.

James Bond und der Bahnhof von Baquedano

Im Frühjahr 2008 fanden am Bahnhof der chilenischen Kleinstadt Baquedano Dreharbeiten zum neuen James Bond-Film *Quantum of Solace* statt. Doch plötzlich raste Carlos Lopez, der Bürgermeister der Stadt, mit seinem Auto in die Szenerie und beinahe hätte er einen Teil der Filmcrew überfahren. Sein Auto kam schließlich zwischen Bonds Wagen und der Filmkamera zum Stehen. Dies war kein Unfall, sondern Absicht, denn der Bürgermeister dieser nordchilenischen Stadt war sehr erbost darüber, dass hier eine Szene, die in Bolivien spielen sollte, abgedreht wurde und sogar die bolivianische Flagge gehisst war. Ein Teil Nordchiles gehörte einst zu Bolivien und Bolivien trauert immer noch seinem verlorenen Meereszugang nach und bildet heute noch Marinesoldaten aus. Doch Bolivien wird diese im 19. Jahrhundert verlorenen Gebiete wohl nie zurückbekommen, da wie gezeigt, sogar ein Provinzbürgermeister den vom Filmteam bolivianisch dargestellten chilenischen Boden mit seinem Auto verteidigt.

4.7 Argentinien

Buenos Aires-Constitución und die Unruhen

Im Gegensatz zu anderen lateinamerikanischen Metropolen kann sich Buenos Aires durchaus noch als Eisenbahnstadt bezeichnen. Es gibt mehrere Kopfbahnhöfe, die immer noch dichten Vorortverkehr und teilweise sogar Fernverkehr aufweisen. Zudem hat Buenos Aires ein ausgedehntes U-Bahnnetz und einst hatte die Stadt mit über 850 km eines der größten Straßenbahnnetze der Welt.

Mit 600 000 Pendlern täglich ist die Estación Constitución, die 1907 von britischen Architekten (in französischem Stil) erbaut wurde, der belebteste Bahnhof der Stadt. 1925 legte der Prince of Wales, der zu Staatsbesuch war, einen Grundstein für die Bahnhofserweiterung. Den Briten zu verdanken ist auch die Tatsache, dass die Gleise im Bahnhof die gleiche Spurweite wie die im Bahnhof von Kalkutta haben. In den 1850ern wurden ursprünglich für Indien bestimmte Lokomotiven von England im Krimkrieg eingesetzt und danach günstig nach Argentinien verkauft und so entwickelte man dort das Bahnnetz entsprechend in indischer 1676 mm-Breitspur. Im Mai 2007 kam es hier nach Zugverspätungen zu Pendler-Unruhen.

Buenos Aires - Once de Septiembre

Eine weitere wichtige Station ist Once de Septiembre, die *11. September Station*, die an den Todestag des 1888 verstorbenen argentinischen Präsidenten Domingo Faustino erinnern soll. Seit 2001 hat dieses Datum, vor allem bei US-Amerikanern, die Buenos Aires zunehmend als Filmstandort entdecken, jedoch keinen guten Klang mehr.

Buenos Aires-Retiro und der Turm

Die 1915 erbaute Retiro-Station ist ein wichtiger Fernbahnhof von Buenos Aires (eigentlich stehen hier drei

separate Empfangsgebäude). Die Stahlteile des Haupt-
gebäudes, darunter die Bahnsteighallen, wurden damals in
Liverpool hergestellt und per Schiff nach Argentinien
gebracht. Vorbild für die Architektur des Bahnhofs waren
Gebäude im walisischen Cardiff (so das Rathaus der Stadt)
und in London. Das später gebaute National Museum of
Wales ähnelt wiederum dem Retiro-Bahnhof.

☞ Vor dem Retiro-Bahnhof steht der 76 m hohe, 1916
erbaute *Torre de los Ingleses*, ein Geschenk der Briten,
deren König 1910 nicht zur Hundertjahrfeier des Landes
reisen konnte. Nach dem Falklandkrieg Argentinien-
Großbritannien 1982 wurde der Neo-Renaissance-Turm in
Torre Monumental umbenannt. Doch die Hauptstädter
sagen immer noch `Englischer Turm´, obwohl die Bezeich-
nung auch nicht ganz passt, denn an seinen vier Seiten sind
Symbole Englands (Rose), Schottlands (Distel), Wales
(Drache) und Irlands (Kleeblatt) angebracht.

⊙ **Von La Plata nach Tibet**

Der österreichische Bergsteiger und Geograph Heinrich
Harrer (1912-2006) brach 1939 zu einer Himalaya-Expedi-
tion auf, mit dem Ziel den Nanga Parbat (den so genannten
`Schicksalsberg der Deutschen´) zu besteigen. Nach dem
Ausbruch des Weltkrieges nahmen die Briten Harrer in
Indien als Bürger des Kriegsgegners fest, doch gelang ihm
eine Flucht nach Tibet, wo er sich 7 Jahre aufhielt und zum
Lehrer des heutigen Dalai Lama wurde. 1997 wurde Heinrich Harrers Buch `Sieben Jahre in Tibet´ mit einem Budget
von 70 Millionen Dollar und Brad Pitt in der Hauptrolle
verfilmt. Eine Szene des Films spielt im Hauptbahnhof von
Graz, wo sich Harrer von seiner schwangeren Frau Ingrid
verabschiedet und mit dem Expeditionsleiter Aufschnaiter
zur Reise nach Asien aufbricht. Diese Szene wurde jedoch
nicht im Grazer Bahnhof gedreht, denn Graz hat heute
einen Fünfzigerjahre-Bahnhof, der alte Bahnhof wurde im

Krieg zerstört. Als Grazer Hauptbahnhof musste vielmehr der Bahnhof der argentinischen Stadt La Plata herhalten. Ein Teil des Filmes wurde nämlich in Argentinien gedreht. Hier gibt es Berge wie in Tibet und die Produktionskosten sind niedrig. Als man nach einer Bahnhofslocation suchte, wurde man im Buenos Aires Vorort La Plata fündig. Das dortige Empfangsgebäude sah altehrwürdig genug aus, den Bahnhof von Graz zu geben. Mittlerweile ist das Bahnhofsgebäude stillgelegt und zu einem Museum umgewandelt worden. Nach La Plata fahren aber weiterhin Züge.

Rosario Norte und Rosario Central

Einst die Fernverkehrsstation der Stadt ist Rosario Norte heute der einzige Bahnhof in Rosario, der noch (geringen) Personenverkehr hat. In der so genannten `Goldenen Epoche´ der argentinischen Eisenbahnen zwischen 1935 und 1940 fuhren hier jährlich mehr als 300 000 Fahrgäste ab (800 pro Tag). Anfang der 1990er Jahre privatisierte die Menem-Regierung den Bahnverkehr. Die neuen privaten Gesellschaften hatten nur am profitablen Güterverkehr Interesse und der Personenfernverkehr wurde weitgehend stillgelegt. Allerdings gibt es mittlerweile wieder tägliche Personenzüge zwischen Rosario und Buenos Aires.

Rosario Antártida Argentina („argentinische Arktis')

Ein weiterer architektonisch besonderer Bahnhof in Rosario wurde in den 1890ern von einer britischen Firma in britischem Stil im Stadtteil Fisherton gebaut und hieß ursprünglich Fisherton-Bahnhof. Als 1948 das argentinische Eisenbahnnetz verstaatlicht wurde, nannte man den Bahnhof in *Antártida Argentina* um, denn ein Antarktissegment wird von Argentinien beansprucht.

☞ Auch der Name des Malvinas-Bahnhofs (= argentinische Bezeichnung für die Falklandinseln) im Raum Buenos Aires drückt einen Territorialanspruch aus.

Rosario Central

Rosario Central, der ehemalige Hauptbahnhof der Stadt gehört mit seinem Uhrturm im Stil italienischer Neogotik zu den architektonisch merkwürdigsten Bahnhöfen Südamerikas. Der Bahnhof wurde 1977 geschlossen, später aber unter Denkmalschutz gestellt und renoviert. Die Gleise wurden jedoch entfernt. Mittlerweile sind hier Büros der Regionalverwaltung untergebracht.

Salta la Linda

Wegen ihrer gut erhaltenen historischen Architektur wird die 1187 m hoch gelegene Stadt Salta im Westen des Landes auch *La linda*, die Schöne genannt. Auch Saltas Bahnhof macht einen guten Eindruck. Von hier fährt der Touristenzug *Tren de las Nubes* (‚Wolkenzug') ab, der bis auf 4220 m Höhe klettert. Bis 1981 fuhren sogar Personenzüge von Salta zur Hafenstadt Antofagasta in Chile.

Trelew und die Waliser

Um 1860 hatte der walisische Nationalist Michael D. Jones die Idee, ein neues ‚kleines Wales' zu schaffen. Da er beobachtete, dass sich Waliser in englischsprachigen Einwanderungsländern wie den USA und Australien schnell integrierten, schlug er vor, eine walisisischsprachige Kolonie außerhalb des englischen Sprachraumes zu gründen. Schließlich kam man auf Patagonien, weil es abgeschieden war und weil Argentinien am Chubut-Fluss Land bereitstellen wollte. Im Jahr 1862 machte sich der Waliser Lewis Jones nach Patagonien auf, um zu erkunden, ob die Gegend für walisische Auswanderer geeignet wäre. Das Schiff lief erst in den Hafen von Buenos Aires ein, wo der Innenminister den Deal bestätigte. Auf dem Weg weiter nach Süden wurde das Schiff jedoch durch einen Sturm in eine Bucht gedrückt, die sie nach einem Anwesen in Wales Porth Madry nannten (das heutige Puerto Madryn). Bei ihrer Rückkehr nach Wales erklärten sie die Gegend als für walisische Kolonisten sehr geeignet. 1865 erreichte dann ein Schiff mit 153 Siedlern die Mündung des Chubut-Flusses, wo die Stadt Rawson gegründet wurde. Da die Flussmündung des Chubut für einen Hafen wenig geeignet war, beschloss man die *Central of Chubut Railway* von Puerto Madryn aus zum Chubut-Tal zu bauen. Lewis Jones war der Hauptinitiator der Bahnlinie. 1866 kam ein Schiff mit 400 Siedlern und Ausrüstung für den Eisenbahnbau in Puerto Madryn an. Am Chubut-Ende der Bahnlinie wurde der Ort Trelew gegründet, dessen Name eine Kombination des walisischen Wortes für Stadt (Tre) und Lewis Jones´ Vornamen ist. Trelew kam so 1889 zu einer Bahnstation, die britische Architektureinflüsse zeigt. Im längst stillgelegten Bahnhof ist heute das Museum Pueblo de Louis untergebracht, dessen Name ebenfalls an Lewis Jones erinnert.

Ushuaia - das Ende der Welt

Die Stadt Ushuaia (64 000 Einwohner) auf der Insel Feuerland im südlichsten Argentinien hat den Spitznamen `Ende der Welt´. Einst wurden Strafgefangene in diese unwirtliche Ebene verbracht, und für diesen Zweck wurde im Jahre 1902 ein großes Gefängnis errichtet. Für Materialtransporte wurde eine 600 mm Schmalspurbahn gebaut, die zunächst auf hölzernen Schienen verkehrte (eine Xilorail). Im Jahr 1909 fuhren die ersten Züge dieser `Gefängnisbahn´. Der dazu gehörende Bahnhof ist somit auch der südlichste Bahnhof der Welt. Im Jahre 1952 wurde die `Gefängnisbahn´ stillgelegt. Doch da sich Ushuaia immer mehr zu einem Touristenort entwickelt, wurde die Bahn für Fremdenverkehrszwecke als `Tren del Fin del Mundo´ (Zug vom Ende der Welt) 1994 wieder eröffnet. Es gibt sogar Pläne, sie zur Stadt hin zu verlängern oder einen Anschluss durch eine neue Straßenbahnlinie zu schaffen.

<u>Anhang</u>

1. Bemerkenswerteste/schönste Bahnhöfe

Auftreten in Listen verschiedener Veröffentlichungen

Bahnhof / Quelle	1	2	3	4	5	6	7	Insg.
New York Grand Central	x		x	x	x	x	x	6
London St. Pancras	x	(x)		x	x			4
Bombay CST*		x	x		x	x		4
Helsinki Hauptbahnhof	x	x		x				3
Antwerpen CS		x			x			2
Lahore Bhf (Pakistan)	x				x			2
Milano Centrale				x		x		2
Washington Union Station				x			x	2
Los Angeles Union Station			x				x	2
Philadelphia Gravers Lane		x						1
Toronto Union Station			x					1
Buenos Aires Retiro		x						1
St.Louis Union Station							x	1
Cininnati Union Station							x	1
Chicago Union Station							x	1
Kansas City Union Station							x	1
30th Street Station Philad.							x	1
Old Penn Station New York							x	1

Fett: Mehrfachnennungen, ( ) Teile des Bahnhofs * Weltkulturerbe

1. J. Glancey im *The Guardian* vom 23. 11. 2006 (6 Bahnhöfe)
2. Mark Irving `1001 Buildings you must see before you die´, Cassel Illustrated, London 2007
3. Richard Cavendish (Hrsg) `1001 Historic Sites you must see before you die´, Cassel Illustrated, London 2007
4. Brian Solomon `Railway masterpieces´, 2002
5. Newsweek 19 Januar 2009, Routes Less Traveled, List of 9 best stations
6. Andere Listen: UNESCO-Welkulturerbe: Bombay CST, der US-Architekt Frank Lloyd Wright rechnete Milano Centrale und, New York Grand Central zu den schönsten Bahnhöfen der Welt
7. Bahnhöfe auf der Liste „ America's favourite Architecture". Die Liste wurde vom American Institute of Architects 2007 durch Befragung von 2000 Amerikanern, denen Photos von 247 von Architekten ausgewählten Gebäuden vorgelegt wurden ermittelt. Das Grand Central Terminal in New York erreichte Platz 13, die Washington Union Station Platz 37.

2. Stilvorbilder von Empfangsgebäuden

Empfangsgebäude	Vorbild *(teilweise)*
USA	
New York (alte) Penn Station	Brandenburger Tor (außen) Caracalla Thermen (innen)
New York Grand Central	*Innen teilweise:* Paris Gare d'Orsay
Newton Kansas Railway Station	Shakespeares Haus in Stratford-upon -Avon
Richmond Union Station	Pantheon (Rom)
Seattle King Street (Turm)	Campanile von Venedig
St. Louis Union Station	Carcassonne (Stadtmauer und Zinnen)
Washington Union Station	Triumphbogen des Konstantin/Rom (außen), Diokletian-Bäder (innen)
Kanada	
Ottawa Union Station	Allg: New York Penn Station Caracalla-Thermen (innen)
Quebec Gare du Palais	Chateau Frontenac (Quebec)
Lateinamerika	
Mexiko Stadt Buenavista	Roma Termini
Havanna (Kuba) Estacion Central	Ehemaliger Bhf von Atlanta? Hotel Flagler Florida?
Santos (Brasilien)	London Victoria Station
Paranapiacaba (Brasilien)	Bahnhofsturm: Big Ben, London
Santiago de Chile, Hauptbahnhof	Seitengebäude: Pariser Triumphbogen

3. Die größten Bahnhöfe nach der Zahl der Reisenden (teilweise mit unterirdischen S-und U-Bahnstationen) in Tausend, werktäglich, um 2015

Land	Bahnhof (1000 Reisende u. Besucher pro Tag)
USA	New York: Grand Central Terminal 750 (200 Nahverkehr, 550 Besucher und U-Bahn-Fahrgäste); Penn Station 600 (darunter 30 Amtrak), Chicago Union Station 126 (davon Fernzüge 6), Ogilvie Transportation Centre 38 Andere Städte: Boston South Station 52, Washington Union Station 11 (nur Fernzüge), Los Angeles Union Station 4 (Fernzüge)
Kanada	Toronto Union Station 200 davon Bahn: 130 (Via: 8, GO Transit 150), U-Bahn 75). Montreal Gare Central 50
Mexiko	Mexico City Buenavista: 90 (Nahverkehr)
Brasilien	São Paulo Est. da Luz 180, Rio de Janeiro Central 350 (inkl. U-Bahn)
Uruguay	Montevideo 1.2
Argentinien	Buenos Aires (einschl. U-Bahn): Constitucion 600, Once 400, Retiro 300

4. Wichtige Amtrak-Bahnhöfe in den USA

Passagiere in Millionen (ohne Besucher)

Bahnhof (Jahr Oktober-September)	Millionen Fahrgäste		
	2009	2011	2018
New York Penn Station	7.83	9.00	9.86
Washington Union Station	4.28	4.85	5.04
Philadelphia 30th Street	3.68	3.87	4.42
Chicago Union Station	3.08	3.39	3.29
Los Angeles Union Station	1.48	1.61	1.45
Boston South	1.29	1.36	1.53
Sacramento Valley Rail Station	1.11	1.18	1.07
Baltimore Penn Station	0.93	0.95	1.03
Albany Rensselaer Station	0.72	0.77	0.79
San Diego Union Station	0.73	0.75	0.67
New Haven Union Station, CT	0.66	0.74	0.69
Wilmington	0.66	0.72	0.70
Penn Station Newark, NJ	0.63	0.68	0.70
Portland, Oregon	0.62	0.67	0.57
Seattle	0.62	0.67	0.68
Baltimore Washington Airport	0.62	0.66	0.75
Providence Station	0.58	0.63	0.76
Milwaukee Intermodal Station	0.55	0.62	0.60
Emeryville, CA	0.52	0.58	0.59
Harrisburg Transportation Center	0.54	0.54	0.51

Andere Bahngesellschaften (Nahverkehrsbahnen)

Bahnhof	Gesellschaft	Mio Fahrgäste
Grand Central Terminal (NY)	Metro North	67 (2018)
Pennsylvania Station (NY)	NJT	27.3 (2017)
Boston South	MBTA	7 (2012)
Newark	NJT	9.5 (2017)
Hoboken Terminal	NJT	5.5 (2017)
Toronto (Kanada)	VIA	2.9 (2012)
	GO Transit	69.5 (2015)

5. Vergleich Amtrak (USA)-Via Rail (Kanada) (2018)

Gesellschaft	Amtrak	VIA Rail
Passagiere (Millionen)	31.7 (2018)	4.74 (2018)
Zuwachs (z. Vorjahr) %	+5.1	+8.0 %
Betriebenes Netz (km)	34 411	12 500
davon eigene Strecken (km)	1006	223
Beschäftigte	20 000	3115
Bahnhöfe	500	121
Fahrgastwagen	1543	431
Lokomotiven, Triebwagen	484	73
Züge pro Tag	300	72
Betriebseinnahmen (Mrd $)	3.4	0.37 (CDN$)
Kostendeckung (Betrieb)	71%	57%

6. Größte Eisenbahnnetze in Amerika (km), 2014-18

Land	Insge-samt	Breit-spur	Normal-spur	Schmal-spur
USA	293 564	-	293 564	-
Kanada	77 932	-	77 932	-
Argentinien	36 917	26 391	2 745	7523
Brasilien	29 850	5 822	194	23 342
Mexiko	20 825	-	20 825	-
Kuba	8 367	-	8 195	172
Chile	7 282	3 428	-	3 854
Bolivien	3 960	-	-	3 960
Kolumbien	2 141	-	150	1 991
Peru	1 854	-	1 730	124
Uruguay	1 673	-	1 673	-
Ecuador	965	-	-	965
Guatemala	800	-	-	800
Honduras	699	-	-	699
Venezuela	447	-	447	-
Costa Rica	278	-	-	278

Quelle: CIA World Factbook (konsultiert Juli 2019)

Breitspur: 1676 mm: Argentinien, Chile, 1600 mm: Brasilien

Normalspur:1435 mmSchmalspur: 1067 mm: Ecuador; Costa Rica, 1000 mm: Brasilien, Argentinien, Bolivien, Chile; 914 mm: Kolumbien, Peru, Guatemala

Literatur

Bund Deutscher Architekten (Hrsg.)
Renaissance der Bahnhöfe
Vieweg Verlag, Braunschweig 1996

Günter Feuereißen
Dampf über Südamerika
Gondrom, München, 1990

Kevin J. Holland
Classic American Railroad terminals
MBI Publishing Company, Osceola 2001

Mark Irving
1001 Buildings You Must See Before You Die
Cassel Illustrated, London 2007

Anthony Robins, New York Transit Museum
Grand Central Terminal
ABRAMS, New York 2013

Ralf Roth
Das Jahrhundert der Eisenbahn
Jan Thorbecke Verlag, Ostfildern 2004

Brian Solomon
Railway Masterpieces
David &Charles, Newton Abbot 2002

Wolstan Webb
Thirty years around the world
Nyons, 1991

Joe Welsh
Die Eisenbahn in den USA
Transpress, Stuttgart 2007

Karl Zimmermann
Ageless Grand Central kicks off its second century
In Trains February 2013, Seiten 41-49

Webseiten, a) allgemein

Wikipedia (Seiten zu verschiedenen Bahnhöfen)
www.de.wikipedia.org

America's Favourite Architecture
http://www.favoritearchitecture.org/

Amtrak
www.amtrak.com

Anecdotage.com (Amerikanische Anekdotenwebseite)
www.anecdotage.com

CIA World Factbook
https://www.cia.gov/library/publications/the-world-factbook/index.html

Ferrocarriles Suburbanos (Mexiko Stadt)
http://www.fsuburbanos.com

Infrastructurist
http://www.infrastructurist.com/2009/06/22/11-beautiful-train-stations-that-fell-to-the-wrecking-ball/

Mexlist
http://www.mexlist.com/welcome.htm

Estacoes Ferroviárias do Brasil
http://www.estacoesferroviarias.com.br/

Via Rail (Kanada)
http://ourcompany.viarail.ca

UIC (International Railway Union (Paris)
http://www.uic.asso.fr

Urbanrail
http://www.urbanrail.net

World´s Largest and Busiest Rail Stations
http://www.skyscrapercity.com/showthread.php?t=342415

b) spezifische Bahnhöfe

Ann Arbor Observer (Ann Arbor Michigan Central Depot)
http://www.aadl.org/aaobserver/15258

University of Michigan (Besuch Tafts)
http://www.umich.edu/whitehouse/presidents/taft.html

Decatur (Illinois)
http://www.haunteddecatur.com/railroads.html

Triple Threat Blues band Library
http://www.triplethreatbluesband.com/wchandy.htm

Gary Indiana
http://www.lostindiana.net/html/union_station.html

Granada (Nicaragua)
http://www.manfut.org/granada/c-estacion.html

Bahnlinie Caldera-Copiapó in Chile
http://www.geovirtual.cl/Museovirtual/FFCC/tur190Caldera01.htm

Library and archives Canada
Anekdote: The prime minister and the newspaper boy
http://www.collectionscanada.gc.ca/2/4/h4-3182-e.html

Niles depot lighting
http://user.mc.net/~louisvw/depot/Niles_Lights/nilesLights.htm

Santa Fe Depot (San Diego)
http://www.sdrm.org/sfd.html

St. Thomas (Canada)
http://www.railwaycapital.ca/history_station

Zacapa (Guatemala)
http://www.xplorandoguatemala.com/viajando/museo-del-ferrocarril-en-zacapa.htm

Weitere Bahnhofsbücher von Richard Deiss

Palast der tausend Winde und Stachelbeerbahnhof
Kleine Geschichten zu 222 Bahnhöfen in Deutschland,
Books on Demand, Norderstedt 2019

Der Schicksalsbahnhof jenseits der Berge
Kleine Geschichten zu 111 Bahnhöfen in den Alpenländern
Books on Demand, Norderstedt 2019

Flügelradkathedrale und Zuckerrübenbahnhof
Kleine Geschichten zu 222 europäischen Bahnhöfen
Books on Demand, Norderstedt 2019

Der Lebkuchenbahnhof am Ende der Welt
Kleine Geschichten zu 222 Bahnhöfen in Afrika, Asien und
Ozeanien, Books on Demand, Norderstedt 2011

Worcester Union Station